TEXTES LITTERAIRES

Collection dirigée par Keith Cameron

LXXVIII

VILLIERS DE L'ISLE-ADAM

Villiers de l'Isle-Adam

STEPHANE MALLARME

VILLIERS DE L'ISLE-ADAM

Edition critique
par
Alan Raitt

University of Exeter
1991

Je tiens à remercier chaleureusement tous ceux qui ont bien voulu m'aider dans la préparation de cette édition: M. Jacques Chapon, conservateur en chef de la Bibliothèque Littéraire Jacques Doucet, qui m'a permis de consulter le manuscrit de la conférence, les Curators de la Taylor Institution, Oxford, qui ont généreusement contribué aux frais de dactylographie, Mrs. Janis Spurlock, dont l'encouragement m'a été très précieux, Madame Claudine Gothot-Mersch, des Facultés Universitaires Saint-Louis de Bruxelles, qui a bien voulu me faciliter l'accès au texte de la conférence tel qu'il a été publié dans *L'Art moderne*, et M. Bertrand Marchal, de l'Université de Reims, dont l'excellent article sur 'Villiers relu par Mallarmé. Le Poète et la divinité' a malheureusement paru trop tard (dans *Villiers de l'Isle-Adam cent ans après. 1889-1989*, Paris, SEDES, 1990) pour que je puisse en tenir compte ici.

First published in 1991 by
University of Exeter Press
Reed Hall
Streatham Drive
Exeter EX4 4QR
UK

ISSN 0309 - 6998
ISBN 0 85989 360 X

January 1991

Typeset by Penny Amraoui

Printed in the UK by BPCC Wheatons Ltd, Exeter

A la mémoire d'Austin Gill

ABREVIATIONS

Les références aux textes de Mallarmé, autres que *Villiers de l'Isle-Adam*, sont données entre parenthèses; elles renvoient aux *Oeuvres complètes*, éd., H. Mondor et G. Jean-Aubry (Pléiade), Paris, Gallimard, 1945.

Voici les abréviations utilisées dans les autres références:

Corr.: *Correspondance* de Mallarmé, éd. H. Mondor et J.-P. Richard pour le premier volume, H. Mondor et L. J. Austin pour les autres, Paris, Gallimard, 1959-1985.

O.C.: *Oeuvres complètes* de Villiers de l'Isle-Adam, éd. Alan Raitt et Pierre-Georges Castex, avec la collaboration de J.-M. Bellefroid (Pléiade), Paris, Gallimard, 1986.

C.G.: *Correspondance générale* de Villiers de l'Isle-Adam, éd. J. Bollery, Paris, Mercure de France, 1962.

INTRODUCTION

De tous les écrits en prose de Stéphane Mallarmé, *Villiers de l'Isle-Adam* est probablement le plus important. Par le nombre de pages, et si l'on ne tient pas compte des traductions et des travaux scolaires, c'est d'assez loin son oeuvre la plus substantielle, étant sensiblement plus long que la préface de *Vathek* et le double de *Richard Wagner: Rêverie d'un poëte français*: seul *La Musique et les Lettres* lui est comparable par les dimensions, mais là il s'agit de deux morceaux disparates, artificiellement réunis. En outre, Mallarmé a particulièrement soigné la publication de *Villiers de l'Isle-Adam*: de larges extraits ont paru dans une revue belge en février et mars 1890, et simultanément il a été question que d'autres extraits soient publiés dans un second périodique belge. Un texte complet a paru dans une revue parisienne quelques mois plus tard, en mai 1890, et avec des tirés-à-part de la revue on a constitué une cinquantaine de plaquettes, qui ont été mises en vente par la Librairie de l'Art indépendant. En 1892, Mallarmé a fait paraître, chez Lacomblez à Bruxelles, la véritable édition originale, et en décembre de la même année il en a incorporé la presque-totalité d'une des sections à son anthologie de *Vers et Prose*. Cette même section figure aussi dans le recueil *Divagations* en 1897. Chacune de ces publications a fait l'objet d'une attention méticuleuse. Dans le catalogue de l'exposition *Villiers de l'Isle-Adam 1838-1889* (1989), P.-G. Castex l'appelle 'une conférence admirable [...] qui est peut-être le chef-d'oeuvre de sa prose' (p. 21), et de nombreux autres lecteurs de Mallarmé seraient du même avis, d'autant plus que ce texte représente un moment de parfait équilibre entre la langue limpide mais un peu incolore des premiers écrits, et l'opacité presque impénétrable des oeuvres des dernières années.

Et pourtant, ce texte a été étrangement négligé par les commentateurs de Mallarmé. Chose bizarre, il n'en est même pas question dans *The Development of Mallarmé's Prose Style* de Norman Paxton (Genève, Droz, 1968) et si, dans *The Prose of Mallarmé* (Cambridge University Press, 1976) Judy Kravis lui consacre trois pages, elle n'y attache que peu d'importance: pour elle, Villiers est 'un homme qui peut-être n'a été qu'un 'figurant' dans le théâtre de la littérature' (p. 38), et 'l'univers des romans et des drames de Villiers [...] semble totalement étranger aux intérêts les plus profonds de Mallarmé' (p. 41). De la sorte, le texte sur Villiers apparaît comme un hors-d'oeuvre, un simple hommage amical à un écrivain mineur, sans grand intérêt pour l'étude de la pensée mallarméenne. Dans la plupart des ouvrages généraux consacrés à Mallarmé, on ne trouve que quelques lignes sur *Villiers de l'Isle-Adam*, par exemple dans *Mallarmé: L'Homme et l'oeuvre* de Guy Michaud (Paris, Hatier-Boivin, 1953) et dans *Mallarmé* de Wallace Fowlie (Londres, Dobson, 1953). Il est vrai que dans son *Mallarmé* (Munich, Beck, 1952) Kurt Wais offre une demi-douzaine de pages sur le texte, mais elles sont surtout une sorte de paraphrase. Cependant il a le mérite d'avoir mis en lumière le caractère exceptionnel de l'émotion qui s'en dégage: 'le sobre commentateur de ces lignes croit ne pas céder à la sentimentalité en ajoutant que dans la littérature des grands écrivains il connaît peu de pages aussi émouvantes' (p. 360).

Les raisons de cette carence, pour surprenante qu'elle soit, sont faciles à discerner. En premier lieu, il faut compter la méconnaissance de l'importance de Villiers et de son oeuvre. Le cas de Judy Kravis est typique: ne voyant en Villiers qu'un écrivain mineur, elle a tendance à supposer que la conférence ne peut être qu'un acte de complaisance amicale sans grande portée. Mallarmé lui-même est sans doute partiellement responsable de ce malentendu, ayant incorporé son texte à cette section de *Divagations* qui a pour titre 'Quelques médaillons et portraits en pied', de sorte que la figure de Villiers se trouve confondue avec celles d'autres artistes qui, incontestablement, n'ont pas été très importants pour lui - comme Rimbaud, Tailhade, Tennyson ou Maupassant. Et même si l'on admet, ce qui semble évident, que le texte sur Villiers est un portrait en pied plutôt qu'un médaillon (mais l'extrait qui figure dans *Divagations* représente moins que le quart de la conférence), ce titre de *Médaillons et portraits* semble en restreindre indûment la portée. Il est vrai que même si on lit toute la conférence, on est forcé de convenir qu'il s'agit en partie d'une oeuvre de circonstance, conçue pour un public limité et très particulier, celui des sociétés littéraires de Belgique devant lesquelles elle devait être prononcée: toute la dernière partie du texte s'adresse surtout à ces auditeurs-là. En fait ce serait fausser complètement la pensée de Mallarmé que ne voir dans *Villiers de l'Isle-Adam* que le portrait d'un écrivain ami. C'est bien entendu un portrait, d'ailleurs remarquable, mais pour Mallarmé le personnage de Villiers était tellement unique et extraordinaire qu'il ne pouvait le dépeindre sans aborder quelques-uns des grands thèmes de sa réflexion.

Donc, si on veut comprendre le vrai sens de ce texte, il est indispensable de commencer par examiner ce que Villiers a pu signifier pour Mallarmé; sinon on est sûr de passer à côté de ce qu'il tenait à y proclamer.

L'AMITIE DE MALLARME ET VILLIERS

Mallarmé et Villiers se rencontrèrent pour la première fois en 1863, chez le père de Catulle Mendès à Choisy-le-Roi(1). Villiers s'était lié avec Mendès environ trois ans plus tôt et, étant en froid avec sa famille, s'était apparemment réfugié chez son ami. A l'époque, Villiers était dans tout l'éclat de sa gloire précoce. Il avait publié un recueil de vers en 1859, et, en 1862, *Isis*, qui était censé être le premier volume d'une vaste série de romans philosophiques et dans lequel Théodore de Banville avait décelé 'l'incontestable griffe du génie' (*Le Boulevard*, 31 août 1862). Villiers, qui avait quatre ans de plus que Mallarmé, était déjà convaincu de sa vocation et de son génie, et beaucoup de jeunes écrivains voyaient en lui le grand espoir de leur génération. Léon Cladel disait: 'Villiers à vingt ans était prodigieux' (cité par Henry Roujon, *La Galerie des bustes*, 2e éd., Paris, Hachette, 1909, p. 107); Henry Roujon estimait qu'il était 'le jeune homme le plus magnifiquement doué de sa génération' (Henry Roujon, 'Villiers de l'Isle-Adam', *La Jeune France*, 1er avril 1883 [article signé Henry Laujol]), et José-Maria de Heredia s'est souvenu toute sa vie de 'l'impression produite par celui dont tous reconnaissaient le prestige dominateur' (cité par Henri de Régnier, *Nos rencontres*, Paris, Mercure de France, 1931, pp. 58-59). Mallarmé, qui n'avait encore publié que de modestes articles et un seul petit poème, était timide et peu sûr de lui-même, et tomba aussitôt sous le charme de Villiers, d'autant plus que Villiers jouissait d'un nom et d'une lignée propres à éblouir le jeune homme qui était si conscient de ses origines roturières qu'à l'école il s'était fait passer pour 'le comte de Boulainvilliers'.

---

(1) Pendant longtemps, sur la foi d'un témoignage de Mendès, on a cru que cette rencontre avait eu lieu en 1864. Mais en 1955, j'ai cherché à démontrer qu'elle devait dater de 1863 ('Autour d'une lettre de Mallarmé', *Autour du Symbolisme*, Paris, Corti, 1955), hypothèse acceptée depuis par les éditeurs de la *Correspondance* de Mallarmé (t. I, p. 99) et par Austin Gill (*The Early Mallarmé*, Oxford, Clarendon Press, 1986, pp. 295-98).

La sympathie fut immédiate et mutuelle, mais les rencontres furent rares et intermittentes: Villiers fut souvent rappelé en Bretagne auprès de ses parents et ne s'installa définitivement à Paris que vers 1866 tandis que de son côté Mallarmé fut nommé successivement aux lycées de Tournon en 1863, de Besançon en 1866 et d'Avignon en 1867, avant de trouver un poste à Paris en 1871. Mais au cours de ces années, son admiration de Villiers ne se démentit jamais. La publication du drame *Elën* en 1865 suscita chez lui des éloges proprement dithyrambiques: écrivant à son ami Eugène Lefébure il en exalta 'la divine beauté', affirmant que 'la conception est aussi grandiose que l'eût rêvée Goethe', qu'on y trouverait 'des scènes inouïes' et que 'la pensée, le sentiment de l'Art, les désirs voluptueux de l'esprit (même le plus blasé) ont là une fête magnifique' (*Corr.*, t. I, pp. 153-54). Mallarmé ne fut pas le seul de son groupe d'amis à discerner des qualités exceptionnelles dans une pièce qui aujourd'hui semble tenir surtout du mélodrame romantique. Emmanuel Des Essarts y découvrit 'un magnifique hymen de la philosophie transcendantale et de la Poésie. Tellement tout est possible au génie. J'ai eu la vision d'un Hegel poète, d'un Schelling tragique, de je ne sais quoi d'inouï et d'innommé (*Corr.*, t. I, p. 158, n. 1). A quelque temps de là Des Essarts devait d'ailleurs écrire à Mallarmé: 'Villiers me paraît marqué du signe du génie. Seul, il a ce don royal parmi nous' (G. Jean-Aubry, *Villiers de l'Isle-Adam et Stéphane Mallarmé: Une amitié exemplaire*, Mercure de France, 1942, p. 34).

Mallarmé n'exagérait donc pas du tout quand il déclara: 'Un génie! nous le comprîmes tel.' Mais, outre la certitude d'être en présence d'un génie, Mallarmé percevait en Villiers d'autres qualités qui le paraient de l'auréole d'un être presque mythique. Il y eut d'abord le fait que Villiers avait été l'ami de Baudelaire. Baudelaire, pourtant peu enclin à accueillir favorablement des hommages de jeunes disciples, avait su distinguer en Villiers un auteur hors pair: Baudelaire lui avait envoyé des exemplaires de ses publications, il lui avait écrit des lettres admiratives, et il était devenu assez intime pour lui emprunter de l'argent. Donc, Villiers pouvait être aux yeux de Mallarmé, qui vouait encore un culte à Baudelaire, le successeur du poète des *Fleurs du Mal* dans la génération suivante. D'autre part, Mallarmé voyait en Villiers une sorte d'équivalent d'Edgar Allan Poe, qu'il appelle 'le seul homme avec qui Villiers de l'Isle-Adam accepte une parité, son altier cousin' et dont il dit ailleurs que 'Villiers de l'Isle-Adam, quelques soirs en redingote, jeune ou suprême, évoqua du geste l'ombre tout silence' (p. 531). Voir en Villiers non seulement un génie, mais aussi le successeur de Baudelaire et l'Edgar Poe français, c'était donc le hausser à un niveau bien supérieur à celui des simples mortels. Quand Mallarmé vante *Elën* à Lefébure en écrivant: 'Vous ressentirez une sensation à chacun des mots, comme en lisant Baudelaire,' cette phrase, loin d'être un compliment vide ou banal, prend une résonance toute spéciale. En outre, Mallarmé commence déjà à associer Villiers au personnage de Hamlet, comme Villiers lui-même le faisait si volontiers. De nouveau, la lettre à Lefébure révèle une partie de sa pensée secrète: 'quant aux dernières [scènes d'*Elën*] elles égalent la scène du cimetière d'*Hamlet*'. Judith Gautier rappelle jusqu'à quel point à cette époque, Villiers était obsédé par le personnage de Hamlet: 'pendant longtemps il eut un rêve qui l'obsédait uniquement, celui d'apprendre le rôle d'Hamlet et de l'interpréter mieux que personne. Il dépensa même des sommes importantes pour l'exécution d'un costume admirable en velours noir garni de jais. Il le revêtait souvent et seul dans sa chambre, devant une glace, il passait des nuits à chercher des effets' (*Le Troisième Rang du collier*, Paris, Juven, 1909, p. 119). Mallarmé était certainement au courant de cette hantise, et très souvent il invente des formules qui seraient également applicables à Villiers et au personnage shakespearien. 'Le seigneur latent qui ne peut devenir,' (p. 300) c'est Hamlet sans doute, mais n'est-ce pas aussi Villiers tel que Mallarmé le comprenait? 'Le spectacle même pour quoi existent la rampe ainsi que l'espace doré quasi moral qu'elle défend, car il n'est point d'autre sujet, sachez bien: l'antagonisme du rêve chez l'homme avec les fatalités à son existence départies par le malheur,' (ibid.) c'est bien entendu *Hamlet*, archétype de toutes les tragédies possibles, mais c'est sans aucun doute aussi la définition du drame de la vie de Villiers tel que Mallarmé le présente dans sa conférence. Quand on perçoit dans les oeuvres de Mallarmé - comme dans *Igitur* ou le *Coup de dés* - des échos de *Hamlet*, presque invariablement on perçoit en même temps des échos de Villiers.

Voilà quelques-unes des raisons qui incitèrent Mallarmé à voir en Villiers, plus encore même qu'un grand génie, un personnage qui avait déjà quelque chose de mythique ou de légendaire, et dont la destinée devait nécessairement, en bien ou en mal, être en quelque sorte exemplaire. Dans les premiers temps de leur amitié cette destinée semblait être celle de produire une oeuvre transcendante, qui pourrait à elle seule transformer la vie et conférer au monde un sens qui sans cela lui ferait défaut. A la suite d'*Isis* était apparemment dévolu ce privilège étonnant, et on voit toute l'emprise qu'*Isis* pouvait avoir sur l'imagination de Mallarmé quand on étudie *Hérodiade*. Dans les ébauches composées à cette époque, on constate que Mallarmé a traité le sujet même du roman de Villiers: une femme belle et mystérieuse, inaccessible à toute vie proprement humaine, a choisi de se consacrer à une virginité inviolable. Dans les deux cas, le personnage principal est flanqué d'une suivante, la petite Xoryl pour la Tullia Fabriana de Villiers, la nourrice pour Hérodiade. Dans les deux cas le fragment s'interrompt au moment d'un changement inexpliqué: Tullia se donne à Wilhelm de Strally et Hérodiade attend 'une chose inconnue' (p. 48). Ce thème de la femme froide semble suggérer aussi l'idée de la conscience humaine parvenue à un état de lucidité suprême et de connaissance complète. Le parallèle entre les deux oeuvres est tellement exact qu'on est forcé de conclure que Mallarmé, toujours menacé de stérilité, s'est directement inspiré du roman de Villiers, puis s'est trouvé impuissant d'aller plus loin quand il ne pouvait plus s'appuyer sur la création de l'autre. Mallarmé dut être très peiné quand Villiers fit attendre la suite d'*Isis*, non seulement parce que cet échec le laissait désemparé par l'achèvement d'*Hérodiade*, mais aussi et surtout parce que cela ajournait indéfiniment, ou même mettait en question, cet 'exploit philosophique prochain, de nous irrêvé' qu'avait annoncé le premier volume du roman.

Nous avons vu que Mallarmé a salué avec beaucoup d'enthousiasme *Elën* en 1865; il a également apprécié *Morgane* en 1866: mais il dut sentir quand même que ces deux drames n'étaient guère à la hauteur des ambitions métaphysiques d'*Isis*. Il est vrai que *Claire Lenoir*, en 1867-1868, semblait une tentative de réalisation d'au moins une partie du programme philosophique d'*Isis*, mais le mélange d'horreur et d'intrigue sentimentale qui vient s'ajouter au message philosophique de cette nouvelle déroutante n'était peut-être pas fait pour le rassurer entièrement, et au moment où il comprit que Villier renonçait à terminer l'édifice d'*Isis* dont 'la vision totale' s'était brisée il put se demander si son ami ne faisait pas fausse route et si Villiers allait vraiment produire l'ouvrage rêvé. Ce n'est sans doute pas une coïncidence si, au moment même où Mallarmé commençait à douter de l'ultime succès de Villiers dans cette voie, il entra lui-même dans la période de crise prolongée d'où est sortie l'idée du Livre et le désir de l'écrire lui-même. Peu à peu, il semble s'être substitué à Villiers dans cette tâche écrasante.

A partir de cette époque, la situation respective de Villiers et de Mallarmé se transforma complètement. Pendant quelques années, Mallarmé avait vu en Villiers le grand écrivain susceptible de créer une oeuvre qui pourrait changer le monde. Maintenant, il soupçonnait que les vastes espoirs qu'il avait nourris pour Villiers risquaient d'être déçus, et, avec angoisse et en tremblant pour sa raison, il résolut de se consacrer lui-même à la création de cet ouvrage définitif, et peut-être chimérique. Mais même au milieu de la crise déclenchée par cette décision, il resta subjugué par l'influence de Villiers, et lorsque celui-ci, fondant la *Revue des Lettres et des Arts* en 1867, l'invita avec insistance à collaborer au journal, il se laissa aussitôt distraire de ses occupations plus éthérées et répondit: 'Vous êtes un magicien, et ne puis rien vous refuser' (*Corr.*, t. I, p. 260). Non seulement Mallarmé fit paraître dans la *Revue* cinq poèmes en prose, il se laissa même séduire par l'idée de se joindre à Villiers dans une campagne anti-bourgeoise et promit de lui envoyer une *Esthétique du Bourgeois, ou Théorie de l'Universelle Laideur* - projet qui ne fut jamais réalisé. Mais si à de tels moments Mallarmé put croire que Villiers allait recommencer sa carrière triomphale, d'une façon générale, il dut se rendre compte que la situation de son ami devenait de plus en plus catastrophique, surtout après la mort, en 1871, de la tante Kerinou, soutien de la famille. Le décès de la vieille dame mit fin aux subsides familiaux que Villiers avait touchés de temps en temps, de sorte qu'avec ses parents il sombra irrémédiablement dans la misère. Continuant à écrire inlassablement, il ne publia presque rien, faute de trouver des éditeurs ou des directeurs de journaux assez compréhensifs pour se charger d'oeuvres qui allaient complètement à l'encontre du goût du public. Mallarmé fit tout ce qui était en son pouvoir pour aider son ami (l'inscrivant par exemple parmi les collaborateurs de la revue *La Dernière Mode* qu'il fonda en 1874, mais Villiers n'y publia rien, on ne sait pourquoi).

Pendant ce temps, Mallarmé composa l'extraordinaire *Igitur*, ce conte inachevé qu'il lut devant Villiers et Mendès lorsqu'en 1870 ils lui rendirent visite à Avignon en rentrant d'Allemagne et de Suisse où ils avaient effectué un pèlerinage wagnérien. Igitur représente le Poète dont le devoir est de créer l'OEuvre en lançant le fatidique coup de dés, et par là de justifier l'existence de la lignée d'ancêtres qui lui a donné naissance. Ce thème des ancêtres est certainement inspiré de Villiers, lui aussi obsédé du devoir qui lui incombait de réaliser la véritable gloire de sa race. Igitur raconte aux ombres de ses aïeux sa vie passée: 'Ecoutez, ma race, avant de souffler ma bougie - le compte que j'ai à vous rendre de ma vie' (p. 439). Sa famille est responsable de sa situation: 'En effet, Igitur a été projeté hors du temps par sa race,' dont le sort sera décidé par le coup de dés: 'Un coup de dés qui accomplit une prédiction, d'où a dependu la vie d'une race.' En inventant des formules de ce genre, il est évident que Mallarmé se souvient des paroles que, dans la conférence, il dit avoir souvent entendues de la bouche de Villiers, qui déclarait avoir 'L'ambition d'ajouter à l'illustration de ma race la seule gloire vraiment noble de nos temps, celle d'un grand écrivain'. On peut être sûr que si Villiers a accueilli *Igitur* plus favorablement que Mendès, c'est qu'il s'y est vaguement reconnu.

Une fois seulement pendant les années d'obscurité qui pour Villiers s'étendirent de 1871 à 1883, Mallarmé a pu croire qu'un changement dans la vie de son ami allait enfin permettre le plein épanouissement de son génie. C'est lors du voyage à Londres que Villiers entreprit à la fin de 1873 en vue d'épouser une riche héritière anglo-irlandaise dont il était tombé éperdument amoureux. Mallarmé, un des rares confidents de Villiers à cette occasion, le félicita dans des termes spécialement révélateurs: 'L'approche du bonheur te rend tout à toi-même [...] Enfin! Mais non, il ne faut pas dire: enfin. Tout le passé, mauvais, n'a pas existé, rejette-le au hasard! Cela n'a rien à faire avec toi et tu n'as qu'oubli pour cela' (*Corr.*, t. II, pp. 43-44). L'adversité avait empêché Villiers d'être lui-même et l'avait rendu victime du hasard; maintenant, le bonheur pouvait recréer l'intégrité de sa personnalité et le rendre tout à lui-même. Seulement, l'aventure anglaise se termina bientôt par la plus lamentable et la plus cuisante des humiliations, et de nouveau Mallarmé se rendit compte que ses espoirs s'étaient avérés illusoires.

A partir de ce moment, Mallarmé comprit que l'échec était définitif, et tout en continuant à admirer ce qu'écrivait Villiers, il sut que ce ne serait jamais à la hauteur des rêves d'autrefois. Il s'était pourtant constitué une sorte d'album où il avait réuni les contes et les chroniques de Villiers à mesure qu'ils paraissaient dans des revues éphémères et introuvables, et il le montrait quelquefois à des amis privilégiés, à Gustave Kahn en 1879, et à Verlaine en 1885, avec une mise en garde très sévère: 'Il va sans dire que j'y tiens comme à mes prunelles. C'est là ce qui ne se trouve plus' (*Corr.*, t. II, p. 304). En outre, à partir de 1879, quand Mallarmé inaugura ses fameux mardis, il fournit à Villiers le moyen de rencontrer de nombreux jeunes poètes: Villiers fut parmi les premiers *mardistes*, et on sait qu'il a lu chez Mallarmé plusieurs contes dont *L'Amour suprême, La Torture par l'espérance, L'Etna chez soi* et *La Couronne présidentielle*. Si dans les années 1880 la situation littéraire de Villiers s'est lentement transformée jusqu'à faire de lui un des maîtres du Symbolisme naissant, Mallarmé est au moins partiellement responsable de ce changement, par le respect et l'admiration qu'il a toujours montrés pour lui et par le fait de l'avoir mis en contact avec tant de littérateurs de la nouvelle génération. Entre autres, Henri de Régnier, René Ghil, Emile Verhaeren, André Fontainas et Paul Claudel ont évoqué avec emotion leurs rencontres avec Villiers chez Mallarmé. D'ailleurs, au cours des années, la correspondance de Mallarmé nous offre maints témoignages de la place que Villiers n'a jamais cessé d'occuper dans son coeur. Il écrit à Mendès en 1870: 'Ceci à Villiers comme à vous: Vous êtes les deux souvenirs que je n'ai jamais laissés d'un jour' (*Corr.*, t.I, p. 324); à Mendès en 1874: 'Vous savez que vous êtes avec Villiers, le seul homme que j'aime très sérieusement' (*Corr.*, t. II, p. 46); à Verlaine en 1885: 'Mes grandes amitiés ont été celles de Villiers, et de Mendès et j'ai dix ans vu tous les jours mon cher Manet' (*Corr.*, T. II, p. 303). Et cependant, malgré la présence des deux amis à Paris, leurs rencontres restèrent intermittentes et aléatoires, et en 1885, lorsque Verlaine voulait se documenter pour une étude sur Villiers, Mallarmé lui répondit: 'Mais des renseignements précis sur ce cher et vieux fugace, je n'en ai pas: son adresse même, je l'ignore: nos deux mains se retrouvent l'une dans l'autre, comme desserrées de la veille, au détour d'une rue, tous les ans, parce qu'il existe un Dieu' (*Corr.*, t. II, p. 299).

Ce fut seulement dans les dernières années de la vie de Villiers, alors que sa santé était devenue très mauvaise, que les deux hommes commencèrent à se voir à peu près régulièrement, Mallarmé cherchant à aider Villiers de toutes les façons, par d'incessants prêts d'argent, par des interventions auprès d'éditeurs susceptibles de publier ses oeuvres, et surtout en lui apportant le réconfort de son amitié et de sa compréhension. Il fut à l'origine, en mars 1889, de l'idée de la 'cotisation amicale' par laquelle les amis et admirateurs de Villiers purent discrètement subvenir à ses besoins et à ceux de sa famille, quand il était trop malade pour gagner de l'argent par sa plume, et pendant plusieurs mois Mallarmé accomplit un travail considérable et délicat en réunissant les sommes promises et en les transmettant au malade sous divers prétextes, par qu'il ne sût pas qu'il s'agissait de dons charitables. En outre, il inventa d'ingénieux contrats fictifs afin de protéger les rares possessions de Villiers contre des saisies éventuelles. Enfin, il joua le rôle principal dans le terrible drame du mariage *in extremis* de Villiers. Villiers avait accepté, dans le dessein d'assurer l'avenir de son fils naturel Totor, d'épouser sur son lit de mort sa maîtresse Marie Dantine. Seulement, comme il ne se savait pas condamné, ses amis se trouvèrent confrontés à un dilemme affreux: le laisser dans l'ignorance et risquer de le voir mourir avant d'avoir conclu le mariage, ou hâter le mariage au risque de hâter en même temps la mort de Villiers, qui avait dit qu'il n'épouserait Marie qu'à la dernière minute, ajoutant 'cette humiliation à l'humiliation suprême de la mort' (*Corr.*, t. III, p. 333). Juste avant de mourir, Villiers désigna Mallarmé et Huysmans comme ses exécuteurs testamentaires et 'comme seuls devant toucher à ses papiers' (*Corr.*, t. III, p. 348). Ce furent donc eux qui veillèrent à la publication de *Chez les passants* et *Axël*, sous presse au moment de la mort de Villiers, et qui s'occupèrent aussi d'obtenir des secours officiels pour sa veuve et son fils. Mais, au bout de quelques mois, excédés des plaintes et des récriminations de Marie, qui voulait qu'on lui confiât tout de suite toutes les sommes récoltées pour les donner à un prêtre défroqué qui disait avoir inventé une pommade pour les cheveux, ils se virent obligés de rompre les relations. Mais même après cette rupture, Mallarmé continua à s'intéresser au sort des oeuvres de Villiers, et à la veille même de sa propre mort s'occupait de la publication, chez Deman à Bruxelles, de l'anthologie d'*Histoires souveraines* de Villiers.

Villiers lui-même était très conscient de tout ce qu'il devait à Mallarmé, et l'exemplaire des *Contes cruels* qu'il lui offrit en 1883 portait cette dédicace: 'A mon meilleur, mon seul ami'. Et juste avant de mourir, il l'appelait 'mon bon Génie' (*C.G.*, t. II, p. 272). Il admira toujours les oeuvres de Mallarmé, il tenait à s'assurer sa collaboration à la *Revue des Lettres et des Arts*: il lut 'Le Démon de l'analogie' chez Leconte de Lisle en 1867, et même au cours de sa dernière maladie, il s'amusait à apprendre par coeur 'Le Nénuphar blanc', *Le 'Ten O'clock' de M. Whistler* et la préface à *Vathek*. Mais comme il a publié très peu de critique littéraire et qu'il n'a pas donné suite à l'intention qu'il a eue en 1887 d'écrire une série justicière d'articles, dont un sur Mallarmé, pour savoir ce qu'il pensait des oeuvres de Mallarmé, nous en sommes réduits à des témoignages de seconde main. Voici par exemple une anecdote racontée par Gustave Guiches. Un jour, Villiers lui dit qu'il venait d'avoir un cauchemar.

> 'Dans son sommeil, il avait, par son habituel geste de fumeur, sorti de sa poche son papier à cigarettes. Mais, au moment où il allait en extraire une feuille, au lieu de la mention Job qui lui rappelait toujours son confrère biblique - il lut, sur la couverture de ce cahier minuscule et si mince: 'Oeuvres complètes de Stéphane Mallarmé'. Cela se peut-il? Un cahier de papier à cigarettes! Mais quand il veut lire, les feuilles sans discontinuer succèdent aux feuilles. Elles naissent et renaissent sous ses doigts, ajoutant, sans augmenter le volume, des Bottin à des Bottin. Il sent qu'il devient fou à tourner sans trêve les feuillets et, dans une exaspération finale, s'étant éveillé, il voit, tout ouvert sur son lit, ce chef-d'oeuvre en quatre ou cinq pages: 'L'Après-Midi d'un faune'. Un cahier de papier à cigarettes! - Il n'y a qu'un grand poète, concluait Villiers, qui puisse faire tenir l'infini dans un fini si petit! ...' (*Au banquet de la vie*, Paris, Spes, 1925, p. 201).

De son côté, le poète et compositeur Léopold Dauphin se rappelait qu'un soir, en sortant de chez Mallarmé, Villiers lui avait dit:

> 'La Poésie est une rare et hautaine dame ailée, avec laquelle ne couchent pas, comme certains peuvent le croire, tous les faiseurs de beaux et lyriques vers. Stéphane, lui! chançard, en est l'amant de coeur: quand il veut, il n'a qu'à faire un signe et ça y est. Qu'il la mène dans l'Ombre, dans l'Obscurité même, soit! mais toujours, heureuse, la Dame se lève et leurs amours, c'est des Lueurs comme stellaires, c'est la Lumière' (cité dans *Corr.*, t. X, p. 111, n. 3).

Il est donc clair que Villiers aimait et admirait la poésie de Mallarmé, même s'il n'avait sans doute pas cherché à l'étudier et à l'analyser en détail.

Quant à l'opinion définitive de Mallarmé sur l'oeuvre de son ami, il est évident qu'on la trouvera surtout dans la conférence et à ce titre elle sera examinée plus loin. Mais il n'est peut-être pas inutile de rappeler préalablement quelques autres déclarations de Mallarmé à propos de Villiers. Voici ce qu'écrit Henry Roujon:

> 'Stéphane Mallarmé, qui vénérait en Villiers le type princier de l'écrivain, disait un jour à un ami qui écoutait avec délices bruire les pierreries de son discours: "Le mot d'infini ne peut être proféré dignement que par une jeune gentilhomme, au type Louis XIII, en fourrures et cheveux blonds." Et comme un timide geste de surprise ponctuait cette sentence, le bon poète qui redoutait par-dessus tout que sa pensée semblât obscure, ajoutait, par amour de la clarté et pour couper court à toute objection: "C'est ainsi que j'ai entendu Villiers prononcer ce mot devant moi, pour la première fois"' (*La Galerie des bustes*, p. 107).

Une lettre écrite à Huysmans huit jours avant la mort de Villiers montre que, jusqu'à la fin, Mallarmé a continué à être sensible à la dimension symbolique de l'existence de son ami. Huysmans venait de se plaindre à Mallarmé des préjugés nobiliaires de Villiers qui, selon lui, étaient seuls à l'empêcher de consentir au mariage avec Marie Dantine: la réponse de Mallarmé témoigne d'une sympathie et d'une compréhension également remarquables: 'Maintenant, vous savez, en se mettant à sa place, les vieilles premières idées reviennent vers la fin, et cette répugnance à mal fermer, ou sur cette mention criarde, le beau chimérique livre des Siens, si bien achevé par lui en tant que pur littérateur' (*Corr.*, t. III, pp. 337-38). Il convient de citer aussi ce souvenir de Gustave Guiches, qui s'était trouvé un jour aux bureaux de la *Revue Indépendante* avec Teodor de Wyzewa et Mallarmé. Celui-ci lisait à haute voix le dernier de ses articles sur le théâtre, quand subitement toutes les lumières s'éteignirent. Sans la moindre hésitation, Mallarmé continua sa lecture dans l'obscurité, puis ajouta:

> 'Villiers de l'Isle-Adam a écrit les dernières pages de *L'Eve future* à plat ventre sur un plancher rasé de meubles et éclairé d'un bout de bougie. A plat ventre, Wyzewa! A plat ventre! Mais l'esprit était debout. Car l'esprit, chez certains, fait toujours angle droit avec le corps aplati...' (*Au banquet de la vie*, p. 210).

Mallarmé a toujours rendu hommage à la ténacité et au courage avec lesquels Villiers a suivi une vocation impérieuse au milieu des pires souffrances. Voici un autre extrait d'une lettre à Huysmans, juste avant la mort de leur camarade: 'Il était héroïque, mon cher, qu'il ait vécu jusqu'à cinquante et un ans est un miracle, comparable à ce qu'il a écrit de plus rare' (*Corr.*, t. V, p. 305). Mais le témoignage le plus extraordinaire (et le plus significatif pour la conférence) est sans doute celui qui a été rapporté par l'écrivain Camille Mauclair, grand admirateur de Villiers. Rendant visite à Mallarmé à Valvins, au milieu des années 1890, Mauclair a vivement protesté contre un article de journal où Villiers était traité de 'raté'.

'Mon maître m'écouta en silence, puis me dit: '*Mais, Mauclair, ratés ... nous le sommes tous*! Je le considérai avec stupeur, et il apaisa, d'une main doucement posée sur mon bras, mon geste de révolte. "Que pouvons-nous être d'autre, puisque nous mesurons notre fini à un infini? Nous mettons notre courte vie, nos faibles forces, en balance avec un idéal qui, par définition même, ne saurait être atteint. Nous sommes donc forcément des *ratés prédestinés*; comment nous plaindre de ce destin que nous avons choisi? Plus nous visons haut et loin, plus nous rêvons l'absolu, et plus nous sommes, par avance, ratés. Je crois même, poursuivit-il avec un indéfinissable sourire, qu'à ce point de vue j'ai plus droit que quiconque à l'épithète, droit proportionnel à ce que j'ai osé, insolitement, entreprendre." Et comme je sursautais encore, il fit une pause, et reprit avec une gravité un peu douloureuse, mais fière et solennelle: "Réfléchissez donc, Mauclair. Ceux qui ne se sont proposé que de faibles buts, livres adroits et honorables, réputation, Académie, fortune, y parviennent assez facilement, et ne sauraient être des ratés, *puisqu'ils n'ont rien entrepris*. Mais gardons précieusement pour nous ce nom qu'ils nous laissent ou nous jettent, et apprenons à en vénérer la beauté: *car il est le signe même de l'ambition immensément disproportionnée de notre effort, et il est le gage de notre honneur.* L'essentiel, voyez-vous, c'est de ne point mentir, de ne pas sacrifier à cette gloire viagère qui contente tant de gens. Du point de vue purement humain, on n'est point un raté, au sens où ils l'entendent, malgré la pauvreté, l'insuccès, le décri public, l'obscurité, l'hôpital finalement possible, si l'on a tout sacrifié au soin de donner son plein effort, heureux ou avorté. *Mais la récompense est d'être précisément, sur le plan superieur, un raté, c'est-à-dire un homme qui, dédaignant l'avantage immédiat et facile, s'est mesuré d'emblée avec ce qui nous domine et nous dépasse de toute part.* Tel est, du moins, mon credo peut-être désespéré mais qui me fait vivre"' (*Mallarmé chez lui*, Paris, Grasset, 1935, pp. 100-103).

Cette conversation révèle admirablement tout ce qui rattachait Mallarmé à Villiers: une commune ambition démesurée et irréalisable, l'indifférence envers les succès faciles, le refus des compromissions, le sentiment de l'échec inévitable et honorable.

GENESE DE LA CONFERENCE ET LA TOURNEE EN BELGIQUE

Il est temps maintenant de considérer les circonstances de la genèse de la conférence sur Villiers, et il est nécessaire de rappeler d'abord la tournée de conférences accomplie par Villiers en 1888. Le poète Georges Rodenbach fit la connaissance de Villiers lors d'un séjour à Paris en juin 1886, et, vers la fin de l'année, l'invita à entreprendre une tournée de conférences en Belgique, ce que Villiers accepta avec empressement. Mais finalement il tomba malade et fut obligé de renoncer à ce projet. Ce fut seulement au début de 1888 que l'idée revint sur le tapis. Cette fois, ce fût à l'occasion de la représentation de son petit drame *L'Evasion* au Théâtre de la Monnaie à Bruxelles. Le directeur du théâtre l'invita à venir présenter lui-même sa pièce au public bruxellois, mais Villiers refusa. Cependant, il lui vint à l'idée qu'il pourrait gagner un peu d'argent en ressuscitant le projet qui avait avorté un an plus tôt. Malheureusement, il ne songea guère à préparer sa tournée d'avance, et il quitta Paris plus ou moins à l'improviste le 13 février 1888. Après avoir assisté à la représentation de *L'Evasion* le 16, il attendit, d'abord à l'hôtel, ensuite chez l'éditeur Edmond Deman, qu'on lui organisât des conférences. En fin de compte, il fut invité le 23 à parler au Salon des XX, groupe d'artistes d'avant-garde à Bruxelles, où il donna lecture de trois contes et improvisa un récit où il évoquait Wagner lui expliquant la conception des *Maîtres Chanteurs*. Puis il fit une nouvelle conférence-lecture le 27 février au Cercle de l'Emulation à Liège, et une troisième, le 4 mars, au château du gouverneur, à Gand. Mais comme la tournée fut improvisée à la dernière minute, l'organisation était mauvaise et les cachets réduits. D'ailleurs, déjà en fort mauvaise santé, Villiers a beaucoup souffert du froid et de la fatigue, et à la fin était devenu presque aphone. La tournée n'a donc pas été ce périple triomphal que par la suite il a évoqué pour ses amis parisiens, comme Mallarmé nous l'apprend dans la dernière partie de sa conférence et comme le confirment Huysmans: 'Il est revenu, ravi de la Belgique' (*Lettres inédites à Jules Destrée*, Paris, Droz-Minard, 1967, p. 142), et Gustave Guiches: 'Il rentre frémissant d'enthousiasme et furieux contre la sottise orgueilleuse de Baudelaire qui n'a pas compris la Belgique' (*Le Banquet*, Paris, Spes, 1926, p. 54). Il comptait même retourner en Belgique l'année suivante, et effectivement, en novembre 1888, Albert Goéthals, un des dirigeants de la Société d'Emulation de Liège, lui écrivit pour lui proposer une tournée en quatre ou cinq villes. Villiers envoya aussitôt son adhésion, et en principe la tournée aurait dû avoir lieu en janvier ou février 1889. Seulement, l'effondrement de la santé de Villiers y mit obstacle: et si jusqu'au mois de février 1889 il espérait toujours être en mesure d'entreprendre le voyage, le 10 février il écrivit à Méry Laurent qu'il voulait venir la voir 'avant mon départ pour la Belgique ... si toutefois je pars' (*C.G.*, t. II, p. 262). Un mois plus tard, il dut reconnaître que le projet était devenu irréalisable: sans doute fut-ce alors qu'il dit à Mallarmé: 'Je n'irai pas, apparemment, en Belgique' et que son ami se rendit compte qu'il se savait perdu.

Selon Mallarmé lui-même, ce fut à ce moment-là qu'il conçut le dessein d'aller en Belgique à la place de Villiers et d'évoquer sa mémoire dans les villes qu'il avait eu l'intention de visiter. Ce fut Mallarmé lui-même qui prit l'initiative de cette tournée et le 11 novembre 1889, donc moins de trois mois après la mort de Villiers, il écrivit à Octave Maus, avocat, critique d'art et fondateur des XX à Bruxelles, qui l'avait déjà sollicité en vain plus d'une fois pour une tournée de conférences, pour lui proposer de le faire inviter dans divers cercles pour parler de Villiers: 'Tout ceci entre nous, l'important n'est-ce pas? me paraît que l'initiative ne vienne pas de moi, pour réussir' (*Corr.*, t. IV, p. 550). Maus se dévoua avec beaucoup de zèle pour l'organisation des conférences, et Mallarmé arriva à Bruxelles dans l'après-midi du 10 février 1890. Sa première idée avait été de se faire accompagner de sa fille Geneviève, alors âgée de vingt-cinq ans, mais en fin de compte elle choisit de rester à Paris auprès de sa mère. Les intentions de Mallarmé étaient multiples: il tenait à rendre hommage à la mémoire de Villiers, mais il voulait aussi voir la Belgique qu'il ne connaissait pas; il voulait faire la connaissance des nombreux hommes de lettres belges qui étaient parmi ses admirateurs; il voulait gagner de l'argent; et il voulait peut-être activer la vente d'*Axël*, qui venait de paraître (c'est sans doute pour cela qu'avant de partir il demanda à Huysmans de lui apporter 'l'*Axël* hollande, que j'exhiberai dans les Flandres, le Brabant et la Wallonie' (*Corr.*, t. IV, p. 41)).

La composition de la conférence l'occupa jusqu'à la toute dernière minute, de sorte que quand, dans la soirée du 11 février, il monta sur l'estrade du Cercle Artistique de Bruxelles, le lacet de son soulier, qu'il n'avait pas eu le temps de bien nouer, traînait derrière lui. Pour sa femme et sa fille, il résuma en un seul mot la réaction du public devant sa conférence: 'Stupeur'. Peu habitué à parler en public, il avait mal calculé, et la conférence dura deux heures et demie devant des auditeurs scandalisés. Par la suite, la commission administrative du Cercle se réunit pour prendre à partie le président et l'organisateur des soirées, à qui l'on dit que si M. Mallarmé était vraiment une illustration de la littérature française, 'il eût suffi de le montrer sur l'estrade pendant un quart d'heure' comme un numéro de concert, et de consacrer le reste de la séance à une vedette du music-hall. La commission décida que dorénavant on imposerait aux conférenciers, outre une épreuve préalable devant la commission réunie, l'obligation de ne traiter que des sujets à la portée du public habituel. Informé de cette mesure, Mallarmé aurait déclaré: 'La prochaine fois, j'apporterai une boîte de physique et dès que je m'apercevrai que le public s'ennuie, je me mettrai à faire des tours' (*L'Art moderne*, 23 février 1890, cité dans *Corr.*, t. IV, p. 62, n. 1).Mais si une partie du public fut rebutée par l'obscurité de la langue et par la subtilité de la pensée, Mallarmé semble avoir fini par adoucir la plupart des auditeurs, et dans son compte rendu *L'Indépendance belge* a rendu hommage aux 'timbre clair et promesses fortes soutenant de leur souffle grandissant ces cent quarante-cinq minutes avec une vigueur et une bravoure qui a fini par conquérir, en la réveillant, l'attention' (cité par Henri Mondor, *Mallarmé plus intime*, Paris, Gallimard, 1944, p. 169).

Le lendemain, 12 février, Mallarmé prononça la conférence à Anvers, mais, ayant compris combien il avait dépassé la mesure à Bruxelles, il en réduisit de moitié la durée. Mais il fut quand même plusieurs fois interrompu par des bruits et des cris, et à un moment donné, un officier supérieur, colonel ou général, s'étant égaré dans la salle, sortit avec fracas en s'exclamant: 'Cet homme est ivre ou fou!', ce qui, selon l'écrivain Max Elskamp qui était présent, résumait assez bien l'opinion générale. Pourtant, Mallarmé put s'illusionner au point de croire qu'il avait eu un certain succès (à moins qu'il n'eût simplement voulu rassurer sa famille): 'Public parfait, ahuri d'abord des premiers mots, puis se laissant gagner à cause de la sincérité du sermonnaire et mener par les applaudissements des jeunes ou des lettrés' (*Corr.*, t. IV, p. 53).

Le 13, ce fut le tour de Gand, où son passage a été marqué par un incident peut-être apocryphe. Ayant remarqué, avant la conférence, que sa cravate et son faux-col étaient instables, Mallarmé aurait demandé à l'adjoint du bourgmestre, qui était son guide officiel, de lui indiquer une 'maison spéciale' pour que 'l'une de ces dames' lui rendît le service de mieux assurer sa tenue (*Mallarmé plus intime*, p. 166). La conférence même se passa relativement bien, et Mallarmé commença à être fier de la façon dont il la débitait, écrivant à sa femme et à Geneviève: 'Je vous regrette [...] parce que vous ignorerez à jamais à quel point je puis hurler. Un trombonne [*sic*]. On me complimente surtout de cela' (*Corr.*, t. IV, pp. 56-7). Effectivement, au cours d'un éreintement de la conférence, déclarée 'exécrable', dans *Le Journal de Gand* (cité dans *Corr.*, t. IV, pp. 56-7, n. 3), l'auteur fit exception pour 'la péroraison dite d'une voix vibrante et avec un bel accent de conviction'. Mais le verdict général fut sans indulgence:

> 'Il n'y a pas à se dissimuler qu'on n'a guère compris M. Mallarmé, sauf quelques rares auditeurs habitués à ce style tortillé et alambiqué, et même ceux-ci durent convenir que ce n'était point là le style décent pour un conférencier parlant à des gens du monde. Il existe une énorme différence entre un livre qu'on lit à tête reposée et une causerie qu'il faut saisir à la volée, pour ainsi dire. Le poète l'a oublié; il a eu tort!'

Le 14, à Liège, comme partout ailleurs l'accueil fut mélangé. Un journaliste de *La Meuse* fut surtout frappé du ton solennel adopté par le conférencier, et sous le titre ironique 'Sermon de M. S. Mallarmé' divulgua ses impressions:

> 'A entendre cette voix grave, sans inflexion, ni nuance, laisser tomber mots et phrases de la même tonalité, on a la sensation de quelque prêche interminable où les périodes s'allongent indéfiniment et le geste du prédicateur ajoute à cette impression - un geste d'apôtre [...] J'ai vu des figures d'initiés s'illuminer de bonheur à ce nouvel évangile littéraire. Mais j'ai vu aussi des fronts se plisser douloureusement et des bouches de profanes s'arrondir d'ennui' (cité dans *Corr.*, t. IV, p. 58, n. 2).

Mallarmé cependant ne fut pas mécontent: 'le public, toujours abasourdi au début s'est laissé entraîner, a souvent battu des mains, cessant net, comme se défiant, effet très curieux, je le subjugue par ma gravité et le tonnerre convaincu de ma voix' (*Corr.*, t. IV, p. 58). Le souvenir de cette conférence lui a même inspiré un quatrain joyeux où il fait allusion à ce qu'il a appelé, en écrivant à sa femme et à sa fille 'le plus beau dîner que j'aie jamais fait [...] quinze vins tous inouïs et j'étais calme en montant à la tribune, ce n'est pas moi!' (*Corr.*, t. IV, pp. 58-9).

> Orateur, comme à mes débuts
> Vous tendîtes un charmant piège!
> Je rêvai, je parlai, je bus
> Avant que d'endoctriner Liège. (p. 160)

A peine rentré de Liège, il prit de nouveau la parole à Bruxelles dans l'après-midi du 15, cette fois au Groupe des XX, et se déclara très satisfait de l'accueil qui lui fut fait: 'tout a très bien marché, hier, solennellement un peu, aux XX; sans lampe et ayant froid en mon habit, c'était en plein jour, j'ai manqué un peu de voix et d'élan, somme toute, vrai succès' (*Corr.*, t. IV, p. 60).

Lorsque, plus tard, il envoya le texte de la conférence aux XX, il y joignit un nouveau quatrain joyeux:

> Tant que tarde la saison
> De juger ce qu'on fait rance,
> Je voudrais à sa maison
> Rendre cette conférence. (p. 159)

Après deux jours de repos, Mallarmé repartit pour la dernière conférence de la tournée au cercle 'Excelsior' de Bruges, le 18. Là, un incident imprévu égaya quelque peu la séance:

> 'Tandis que s'allongeaient les phrases aux multiples incidentes, somnolences et sourires se partagèrent les auditeurs, jusqu'au moment où retentit dans une rue voisine une trompette de carnaval en avance sur le calendrier. Ce prétexte bienvenu délivra les rires refoulés. Une franche hilarité parcourut l'auditoire' (F. Vermeulen, 'Stéphane Mallarmé à Bruges', *Bulletin officiel de l'Association des écrivains belges*, août-octobre 1953, cité dans *Corr.*, t. IV, pp. 61-2, n. 1).

Puis Mallarmé rentra à Paris, épuisé et souffrant d'une extinction de voix. Il n'avait évidemment pas su plaire à tous ceux qui étaient venus l'écouter: les profanes l'avaient trouvé incompréhensible. Mais auprès des lettrés, au contraire, il avait remporté un franc succès, et la célébrité dont il jouissait déjà parmi les amateurs de belles-lettres en Belgique s'en trouva notablement renforcée. Il fut même aussitôt invité à y retourner l'année suivante (sauf au Cercle artistique de Bruxelles, avec lequel il a avoué lui-même être 'en guerre') (*Corr.*, t. IV, p. 62).

Une fois rentré à Paris, il voulut satisfaire la curiosité de ses amis, et on organisa une nouvelle séance de lecture chez l'artiste Berthe Morisot, belle-sœur d'Édouard Manet, à laquelle furent conviés une trentaine de peintres et d'écrivains, dont Degas, Renoir, Monet, Henri de Régnier, Edouard Dujardin, Francis Vielé-Griffin, Teodor de Wyzewa, Henri Cazalis et Jean Marras. Devant ce public de choix, composé en grande partie de gens qui avaient connu Villiers, le succès fut total (sauf dans le cas de Degas qui partit en disant: 'Je n'y comprends *rien, rien!*' (*Vie de Mallarmé*, Paris, Gallimard, 1941, p. 574)) et Mallarmé commémora l'occasion en un quatrain envoyé à Berthe Morisot avec le texte de la conférence.

> Vous me prêtâtes une ouïe
> Fameuse et le temple; si du
> Soir la pompe est évanouie
> En voici l'humble résidu. (p. 159)

Quelques années plus tard, un nouveau poème devait évoquer le souvenir de son passage en Belgique, notamment à Bruges: c'est le sonnet 'Remémoration d'amis belges', publié dans *L'Art littéraire* de Bruxelles en novembre 1893. Voici cette évocation des beautés de Bruges et de l'accueil amical qu'il y reçut:

A des heures et sans que tel souffle l'émeuve
Toute la vétusté presque couleur encens
Comme furtive d'elle et visible je sens
Que se dévêt pli selon pli la pierre veuve

Flotte ou semble par soi n'apporter une preuve
Sinon d'épandre pour baume antique le temps
Nous immémoriaux quelques-uns si contents
Sur la soudaineté de notre amitié neuve

O très chers rencontrés en le jamais banal
Bruges multipliant l'aube au défunt canal
Avec la promenade éparse de maint cygne

Quand solennellement cette cité m'apprit
Lesquels entre ces fils un autre vol désigne
A prompte irradier ainsi qu'aile l'esprit. (p. 60)

LA PUBLICATION DE LA CONFERENCE

On ne sait pas si, en rédigeant la conférence, l'intention de Mallarmé avait toujours été de la publier, mais aussitôt après la tournée, il concéda à la revue belge *L'Art moderne*, que dirigeait son hôte à Bruxelles l'avocat et écrivain Edmond Picard, le droit d'en publier des extraits. C'est apparemment à cette occasion qu'il établit un manuscrit partiel qui a fait partie de la collection du Colonel Daniel Sickles. D'après la description du manuscrit dans le catalogue de la collection (Paris 1989; no. 139), Mallarmé y a transcrit à peu près la moitié du texte complet, donnant en entier le préambule et le finale et des extraits des sections intérieures (à l'exception de celle qui, dans la version définitive porte le numéro I, désignée ici comme 'Physionomie de Villiers de l'Isle-Adam et la Presse, à sa mort', mais que Mallarmé a complètement omise, on ne sait pourquoi). Une note révèle, avec humour, qu'il était très conscient de l'ahurissement que pouvait provoquer son entrée en matière: 'Un Préambule (*cave canem*) exagérant un peu le ton grave, par mesure, avec un repos à la fin, pour permettre à qui se reconnaîtraient fourvoyé [*sic*], de regagner la porte, à temps' (peut-être pensait-il à la sortie fracassante du colonel d'Anvers). Les extraits ont paru dans les numéros du 23 février et du 2 mars, où ils étaient précédés d'un 'chapeau' de Picard, dont voici l'essentiel:

'Avec vive curiosité, sans doute, nos lecteurs liront quelques
fragments de cette oeuvre si diversement appréciée par notre public,
peu au courant des transformations qui affectent la littérature comme
la peinture, et ouvrent des voies vers l'art neuf qui inaugurera,
vraisemblablement, le prochain siècle [...] Peut-être l'étude des
tronçons de ce rêve parlé, dit mystiquement comme un rêve, comme
une cérémonie pieuse s'envolant parfois dans l'extase, où le grand
mort était évoqué en fantôme, tantôt précis, tantôt presque invisible,
mais présent toujours, parviendra à redresser, chez quelques-uns,

l'appréciation bizarre que formulaient des esprits peu accoutumés à
la séduction des choses vagues et planantes'.

Malheureusement, la reproduction des extraits est défigurée par de très nombreuses
coquilles et erreurs de ponctuation, de sorte que Mallarmé a été amené à protester
vivement auprès du fils de Picard, en attribuant, avec beaucoup de tact et de délicatesse,
ces défauts à l'état de son manuscrit, 'recopié sans doute un peu à la hâte par moi au saut
du wagon' (à Robert Picard, 25 février 1890; *Corr.*, t. IV, p. 72): en fait, l'illustration du
catalogue Sickles montre que le manuscrit était au contraire très lisiblement calligraphié;
et la faute de la mauvaise qualité du texte imprimé incombe sans doute aux 'employés
insuffisamment surveillés', comme l'a expliqué Robert Picard (ibid., p. 73, n. 3).
     A peu près en même temps, un autre périodique belge, *La Wallonie*, manifesta
aussi le désir de publier des extraits de la conférence, et Albert Mockel, disciple de
Mallarmé et directeur de la revue, répondant le 27 février à une lettre de Mallarmé, se
félicita de l'éventualité de cette publication: 'Comment, nous aurons d'importants
fragments de cette conférence qui éblouit tous mes amis!' (*Corr.*, t. IV, p. 75, n. 3). Il
demanda même l'autorisation de reproduire aussi les fragments parus dans *L'Art
moderne*. Mais, pour des raisons qu'on ignore, ce projet avorta, peut-être parce que
Mockel avait mal compris les intentions de Mallarmé(2).
     Par la suite, Rodolphe Darzens, qui avait remplacé Mallarmé et Huysmans comme
fondé de pouvoirs et conseiller littéraire de la veuve de Villiers, acquit le droit de
reproduire la conférence en entier dans *La Revue d'aujourd'hui* de Mme Tola Dorian, qui
admirait beaucoup Villiers et a voulu monter *Axël* quelques années plus tard. Le texte
complet a donc paru pour la première fois dans le numéro du 15 mai 1890.
Simultanément, on constitua cinquante plaquettes, composées de tirés-à-part de la revue,
qui ont été mises en vente par la Librairie de l'Art indépendant, au prix de 5 francs. Puis,
à l'automne de 1891 l'éditeur bruxellois Paul Lacomblez écrivit à Mallarmé pour lui faire
part de son désir de publier une de ses oeuvres. Mallarmé ayant répondu qu'il s'était
engagé ailleurs pour la publication de ses vers, Lacomblez lui demanda s'il n'avait pas un
texte en prose à lui offrir. Voici la réponse de Mallarmé:

> 'J'ai là, sous la main, un Villiers de l'Isle-Adam précisément donné
> en conférence à Bruxelles il y a deux ans et qui pourrait s'y
> réimprimer avec un portrait et un autographe. Je vous donnerais par
> la suite quelques études à qui je songe sur des morts aimés, comme
> Manet et Banville, les groupant sous quelque titre. Dans le cas que
> le premier de ces petits ouvrages (je voulais le publier

---

(2)   Il est difficile de savoir à quoi s'en tenir sur cette possibilité de publication dans *La Wallonie*; le seul
     document s'y rapportant est la lettre de Mockel à Mallarmé; celle de Mallarmé à laquelle elle répond
     n'a pas été retrouvée. Il est certain que si Mallarmé l'avait voulu, *La Wallonie* se serait empressée de
     publier des extraits de la conférence; Mockel s'est toujours montré très désireux de publier quelque
     chose de lui, et 'Il Ballets' tiré du volume *Pages*, alors en préparation chez Deman, a paru dans le
     numéro de juin-juillet 1890. Il paraît d'ailleurs bizarre que Mallarmé ait pu proposer simultanément à
     deux périodiques belges des extraits de la conférence. Ou bien Mockel a mal compris ce que
     Mallarmé lui offrait, ou bien Mallarmé a changé d'avis. En tout cas, on peut être sûr que Mallarmé
     n'a jamais envoyé à *La Wallonie* des extraits de sa conférence; sinon ils y auraient paru.

prochainement ici, où il n'a paru que dans une revue, avec un tirage
hors page de quelques exemplaires, voilà son passé) vous
conviendrait, nous en causerions' (lettre du 14 décembre 1891;
Corr., t. IV, p. 348).

Au début, Lacomblez hésita à accepter cette proposition, à cause de la plaquette publiée
quelques mois plus tôt, et Mallarmé dut apaiser ses scrupules, en lui écrivant qu'il 'ne
considère pas comme une première édition tout à fait le tirage à part de quelques
exemplaires publié lors de l'apparition dans une revue' (lettre de 29 janvier 1892; *Corr.*,
t. V, p. 38). Lacomblez se laissa convaincre par cet argument, et un accord intervint tout
de suite. Restait la question du portrait et de l'autographe. Pour le portrait, le choix de
Mallarmé se porta sur Marcellin Desboutin, qui avait connu Villiers chez Nina de Villard.
Mais Desboutin voulait travailler d'après des photographies qui, même avec l'aide de
Darzens, n'étaient pas faciles à trouver. En fin de compte, Desboutin produisit un portrait
d'après une photo d'Allévy, mais les deux hommes trouvaient qu'aucune photo ne
représentait Villiers tel qu'ils l'avaient connu 'à cause des retouches ou du manque de
caractère' (lettre à Lacomblez du 31 mars 1892; *Corr.*, t. V, p. 60). Mallarmé demeura
donc insatisfait du portrait produit par Desboutin: 'Pour moi, vieil ami de Villiers, il lui
reste étranger. Et ce sera toujours ainsi. On manque par trop d'un document. Quelle
désolante chose!' (lettre du 21 juin 1892; *Corr.*, t. V, p. 86). Mais, faute de mieux, le
portrait de Desboutin fut accepté. En revanche, le problème de l'autographe s'avéra
insoluble. A cause du petit format prévu pour le livre, Mallarmé voulait 'des vers, brefs,
pour la page' (lettre du 2 février 1892, *Corr.*, t. V, p. 40)(3). Mais, finalement, n'ayant pu
trouver un manuscrit de ce genre, il se vit contraint de renoncer à son idée. En mai,
Lacomblez envoya à Mallarmé une somme de deux cents francs par ses droits d'auteur
sur une édition de 500 à 800 exemplaires, avec cent francs à remettre à Desboutin pour
prix de sa gravure. (L. J. Austin, '*La Correspondance* de Stéphane Mallarmé:
Compléments et suppléments I', *French Studies*, January 1986). En fin de compte, par
suite des retards causés par les problèmes du portrait et de l'autographe, le volume sortit
en plein été, à la fin d'août 1892. Un sur-titre 'Les Miens. I.' annonçait que l'essai sur
Villiers serait suivi d'études sur Banville et Manet, mais celles-ci ne virent jamais le jour.
Il y eut 10 exemplaires sur Japon, avec le portrait en double épreuve, 25 exemplaires sur
Hollande van Gelder, également avec le portrait en double épreuve, et 565 exemplaires
sur vélin, au prix de 3 francs. Mallarmé trouva que c'était 'quelque chose d'assez
médiocre typographiquement' (lettre à Edmund Gosse du 16 décembre 1892; *Corr.*, t.V,
p. 177); les sections étaient mal numérotées, il y avait des coquilles, et Lacomblez avait
'placé le renseignement commercial relatif au tirage entre la mention des lectures faites
de cette conférence et l'annonce des deux ouvrages subséquents' (lettre à Lacomblez du
26 août 1892: L. J. Austin, '*La Correspondance* de Stéphane Mallarmé: Compléments et
suppléments II', *French Studies*, April 1987). Auprès des amis du poète et de Villiers,
l'oeuvre a été fort bien reçue. Selon Paul Margueritte, cousin de Mallarmé et fort lié avec
Villiers, 'l'évoquer mieux était impossible, et dans le grand oubli barbare qui l'entoure,

---

(3)   Bien entendu, il s'agit d'un autographe de Villiers et non de Mallarmé, comme l'a cru Jean
        Warmoes, 'Le *Villiers de l'Isle-Adam* de Stéphane Mallarmé (lettres inédites)', *Bulletin du
        Bibliophile*, 1984, no. 1). Outre qu'il n'aurait eu aucune raison d'orner ce texte d'un autographe de
        lui-même, Mallarmé n'aurait eu aucun mal à en trouver un, s'il l'avait voulu.

ce livre de commémoration a sa grandeur et sa générosité' (lettre à Mallarmé, du 15 octobre 1892; *Corr.*, t. V, p. 134, n. 2), et dans *La Plume* du 15 novembre 1892, Léon Deschamps a parlé de 'chef-d'oeuvre parmi les chefs-d'oeuvre', en précisant qu''on devine ce qui doit être cette critique d'un génie par un autre qui sait évoquer les pensées d'un maître et leur donner un corps tangible' (cité dans *Corr.*, t. V, p. 145, n. 2).

Même après cette publication complète, Mallarmé n'a nullement perdu de vue son texte. La même année, en décembre 1892, il incorpora à son recueil de *Vers et Prose* chez Perrin toute la deuxième partie de la conférence, avec le sous-titre 'Souvenir'. Une deuxième édition, corrigée, parut en 1893. Puis, ce même texte a été repris dans le volume de *Divagations*, publié en 1897 par Fasquelle. Dans la note bibliographique qui accompagne cette publication, la conférence est présentée de la façon suivante:

> 'VILLIERS DE L'ISLE ADAM est pris à une Conférence, même oraison funèbre, lue, à Bruxelles, peu de mois après le décès du grand homme; occupe avec authenticité le seuil d'un ensemble QUELQUES MEDAILLONS ET PORTRAITS EN PIED: dont mainte ressemblance votive'.

LE MESSAGE DE LA CONFERENCE

Le plan de la conférence, qui est assez singulier, reflète la double intention de Mallarmé: célébrer la mémoire de Villiers et se livrer à une méditation littéraire suggérée par la personnalité et la destinée de son ami. Dans son texte définitif, l'essai comporte six parties, dont un préambule et un finale non numérotés. Le préambule, très général, evoque brièvement le mystère de l'art d'écrire et crée ainsi une toile de fond pour la suite. Le finale, au contraire, est d'une portée plus restreinte et s'adresse particulièrement au public belge de 1890; Mallarmé met l'accent sur l'importance qu'avait eue pour Villiers sa tournée de conférences en Belgique en 1888. Les quatre sections intérieures sont numérotées et dans le manuscrit Sickles portent des titres qui explicitent leurs sujets. La première s'intitule ainsi: 'Physionomie de Villiers de l'Isle-Adam, et la Presse, à sa mort'. Il s'agit plus ou moins, comme l'écrit L. J. Austin, d''une journée typique de l'existence de Villiers' ('Mallarmé et la critique biographique', *Comparative Literature Studies*, 4, nos. 1 et 2, 1967), non pas racontée en ordre et en détail mais rapidement esquissée, mettant en lumière quelques-uns des traits saillants de la personne de Villiers, tels qu'ils pouvaient apparaître à 'ceux qui font des Lettres leur profession'. Mallarmé résume ce qu'il a voulu faire dans cette section, quand il parle du 'personnage tutoyé et fugace que tout de suite je dessinai un peu, de profil, de dos, aisément et tel qu'il se livra à ses dissemblables'. C'est donc une sorte de brève silhouette, comparable à la photo ou au portrait qu'on met souvent en tête d'une biographie. Mallarmé y relève notamment la discrétion dont Villiers entourait son domicile et sa vie privée, le brillant de sa conversation dans la rue ou dans les cafés, sa préoccupation d''affaires' étranges et compliquées, sa passion de la littérature, les manuscrits qu'il portait dans ses poches. De cette évocation d'une partie de la vie extérieure et quotidienne de l'homme Mallarmé passe au bruit fait dans la presse autour de sa mort, où il était surtout question, souvent de façon absurdement erronée, de l'aspect pittoresque et anecdotique du personnage. Et pourtant, Mallarmé discerne aussi dans cet *'emballement'* de la presse quelque chose comme une vague intuition de la véritable signification de l'écrivain, qu'il va s'appliquer à dégager dans les trois sections suivantes, dont la portée est définie par les titres du manuscrit Sickles: 'Son arrivée à Paris, 1863', 'Sa fin 1889' et 'L'OEuvre'.

Mallarmé commence donc par une déclaration retentissante, où il donne sa définition de la littérature:

> 'C'est, ce jeu insensé d'écrire, s'arroger, en vertu d'un doute - la goutte d'encre apparentée à la nuit sublime - quelque devoir de tout recréer, avec des réminiscences, pour avérer qu'on est bien là où l'on doit être (parce que, permettez-moi d'exprimer cette appréhension, demeure une incertitude). Un à un, chacun de nos orgueils, les susciter, dans leur antériorité et voir.'

Cette affirmation reprend l'idée, si souvent énoncée par Mallarmé, que 'tout, au monde, existe pour aboutir à un livre' (p. 378), ou encore celle de 'l'explication orphique de la Terre, qui est le seul devoir du poëte et le jeu littéraire par excellence' (p. 663) et elle ressemble fort à la définition de la Poésie donnée à Léo d'Orfer en 1884: 'La Poésie est l'expression par le langage humain ramené à son rythme essentiel, du sens mystérieux des aspects de l'existence; elle doue ainsi d'authenticité notre séjour et constitue la seule tâche spirituelle' (*Corr.*, II. p. 266). En rappelant dès l'exorde de sa conférence l'importance capitale qu'il accorde à la Littérature, Mallarmé entend souligner l'extrême gravité qu'assume à ses yeux la tragédie de Villiers de l'Isle-Adam, tragédie qui se résume, après cette espèce de frontispice qu'est la première section, en ces deux dates fatidiques - 'triomphale l'une, l'autre néfaste' - 1863 pour l'arrivée à Paris, et 1889 pour la mort. Mallarmé annonce ainsi qu'il va chercher à découvrir tout le sens d'une vie, sans s'astreindre à un récit chronologique. Au contraire, de propos très délibéré, il évite 'ce qui fait l'attrait des causeries en public, l'anecdote', ceci parce qu'il savait pertinemment que le grand danger pour la réputation de Villiers serait qu'on ne se souvienne que des innombrables histoires qui, pour la plus grande joie des journalistes, couraient sur son compte, et qu'on néglige le profond sérieux de son oeuvre. C'est pourquoi, pensant au côté superficiellement cocasse du personnage, il s'écrie avec véhémence: 'il faut que rien de cela ne demeure, car ce serait l'irréparable!'. Et effectivement, il réussit ce tour de force de présenter une évocation profondément vivante de l'homme mais presque sans avoir recours aux anecdotes. En fait, il n'y en a que deux, celle de la candidature au trône de Grèce et celle de l'émissaire des Juifs qui voulait commander une réfutation du célèbre livre antisémite de Drumont. Ces deux exceptions se justifient parce que ce sont des histoires (vraies ou fausses, peu importe) que Villiers lui-même colportait avec assiduité et qui illustrent deux aspects fondamentaux de son caractère: la conviction qu'il était marqué pour une destinée royale, et la fermeté des principes que rien ne l'aurait incité à renier. Mais à part ces deux histoires, réduites d'ailleurs à leur forme la plus simple, Mallarmé constitue son portrait de Villiers d'une série de petites touches, parfois presque imperceptibles, mais qui renferment un nombre surprenant d'allusions à des détails du physique ou du caractère de l'homme - détails souvent rehaussés par des abstractions ou des généralisations qui les relient à une réalité supérieure: ses yeux bleus (mais 'empruntés à des cieux autres que les vulgaires'), le geste habituel par lequel il rejetait la mèche de cheveux qui retombait obstinément (geste qui évoquait 'ses aïeux [...] dans le passé'), sa main blanche et délicate (mais qui était un 'creuset de vérités dont l'effusion devait illuminer'), les séances comme moniteur dans une salle de boxe (où il était forcé d'employer ses 'facultés archangéliques'), l'obsession des ancêtres (qui lui inspirait, disait-il, 'l'ambition - d'ajouter à l'illustration de ma race la seule gloire vraiment noble de nos temps, celle d'*un grand écrivain*'), l'enfance bretonne (mais il avait surgi, non seulement 'd'une lande ou de brumes', mais aussi 'de la réflexion'). Une seule omission mais qui s'explique aisément: pas un mot sur Villiers et les femmes ou l'amour. Il est évident que, parlant à quelques semaines du drame du mariage *in extremis* dans lequel il avait joué un rôle déterminant, Mallarmé était tenu à la plus grande discrétion à ce sujet.

Mallarmé a donc su brosser un portrait de Villiers et en même temps indiquer quelques-uns des thèmes majeurs de sa réflexion sur la littérature. C'est ce qu'a bien mis en lumière un troisième poète, ami de Mallarmé et de Villiers, qui a lui aussi pris le chemin de la Belgique quelques années plus tard. C'est Henri de Régnier, qui caractérise ainsi la conférence de Mallarmé:

> 'Le grand poète et le grand prosateur étaient à hauteur d'âmes:
> l'amitié et l'admiration les unissaient et l'un vint pour nous révéler
> le magnifique souvenir qu'il avait gardé de l'autre. La mort ajoute
> une gravité au destin et les paroles qui racontent quelqu'un qui n'est
> plus empruntent à l'au-delà le timbre funèbre et fatidique de leur
> écho. L'éloquence de Stéphane Mallarmé s'empreignit de cette
> circonstance et ce qui, en d'autres occasions, eut été le plus disert
> des éloges se haussa presque à de sacerdotales beautés de
> panégyrique. Ce fut aussi un portrait et l'orateur façonna devant
> vous, en statue, la grande ombre qu'il évoquait' (*Figures et
> caractères*, Paris, Mercure de France, s.d., pp. 282-83)(4).

Régnier n'avait pas tort de dire que, tout en faisant le portrait de l'homme, Mallarmé l'avait transformé en statue, dans ce sens qu'il n'avait pas voulu trop s'attacher à ce qu'il y avait chez lui de transitoire mais avait tenu à le présenter 'Tel qu'en Lui-même enfin l'éternité le change'. Pour Mallarmé, le vrai Villiers n'était pas celui qui s'était mêlé à l'existence de ceux que lui-même appelait volontiers les 'passants' et que Mallarmé désigne comme 'ses dissemblables', mais celui qui s'était donné tout entier à la création de son 'tombeau'. C'est en partie pour cela qu'au seuil de son étude de Villiers, Mallarmé pose une question capitale: 'Sa vie - je cherche rien qui réponde à ce terme: véritablement et dans le sens ordinaire, vécut-il?' et qu'il parle plus loin du 'simulacre de sa vie'. Après tout, pour Mallarmé, Villiers reste 'l'homme qui n'a pas été que dans ses rêves'; et c'est dans ses oeuvres que les rêves ont pris corps, non dans les occupations de la vie quotidienne.

Ce fait d'avoir vécu exclusivement pour la réalisation de l'oeuvre est sans doute ce que Mallarmé a le plus admiré chez Villiers. Dès le début de son étude, il pose en

---

(4)   Emile Verhaeren, qui a assisté à la conférence au Cercle artistique de Bruxelles le 11 février, émet
        une opinion analogue dans le compte rendu enthousiaste qu'il lui a consacré dans *L'Art moderne* du
        16 février: 'Villiers a été ressuscité en un superbe portrait où jusqu'au pli des vêtements, jusqu'à la
        manière de camper le chapeau sur la tête et nouer le foulard autour du cou, tout était exact. Et
        pourtant, sitôt qu'il s'est agi de l'oeuvre, de cette *Eve future* et de cet *Axël*, comme immédiatement le
        Villiers réel s'est mué en quelqu'un d'au-delà, en un vivant d'une autre existence plus haute et plus
        spirituelle dont sa vie terrestre n'a semblé que l'ombre projetée sur la toile blanche des apparences'.
        (Cité par Jean Warmoes, art. cit).

principe que 'personne jamais ne présenta, approché, ou ici raconté, le caractère de l'authentique écrivain, à part, ne sachant que soi, ou même l'ignorant, afin d'en tirer pour sa propre stupeur superbement le secret, comme ce camarade'. Et si on se demande en quoi Villiers représente, de façon si parfaite, l'authentique écrivain, la réponse est évidente: Villiers avait depuis toujours résolu d'être écrivain et rien qu'écrivain; sous l'emprise d'une 'vocation furieuse', et 'rejetant tout emploi autre que le sien dans le monde', il 'n'avait voulu être rien que ce pourquoi il était né, de tout temps, indéniablement'. Ce dévouement exclusif et tyrannique à une seule et unique passion, la littérature, a régi toute sa vie, l'a toujours soutenu, mais l'a condamné aussi à la souffrance et à la pauvreté. Mais comme Villiers était un génie et un pur écrivain, Mallarmé est amené à se demander si ce destin fier et lamentable est le sort inéluctable de l'artiste dans le monde.

Dès ses débuts dans les lettres, Mallarmé avait été tenté de croire que les poètes étaient voués à l'échec et à l'opprobre, et il a placé en tête de ses *Poésies* 'Le Guignon', qui date de 1862. En 1867, au moment de la mort de celui que Mallarmé appelait 'notre pauvre et sacré Baudelaire' (*Corr.*, t. I, p. 259), Villiers lui avait écrit: 'Que faire ici, et quel serait notre prétexte de rester, si nous n'étions pas percés, traqués, volés, vilipendés et saignants; il faut être malade: c'est le plus beau de nos titres de noblesse immémoriale' (*C.G.*, t. I, p. 112). Et si pour Mallarmé Villiers était la plus illustre des victimes du guignon, ayant visé plus haut que les autres, il n'était nullement la seule. En plus de Baudelaire lui-même, il y avait Poe, dont Mallarmé a dit: 'le devoir est de vaincre, et un inéluctable despotisme participe du génie. Cette force, Poe l'avait [...] Son tort fut simplement de n'être placé dans le milieu exact, là où l'on exige du poëte qu'il impose sa puissance' (p. 226). De même Verlaine:

> 'la solitude, le froid, l'inélégance et la pénurie, qui sont des injures
> infligées auxquelles leur victime aurait le droit de répondre par
> d'autres volontairement faites à soi-même - ici la poésie presque a
> suffi - d'ordinaire composent le sort qu'encourt l'enfant avec son
> ingénue audace marchant en l'existence selon sa divinité' (p. 511).

Mais Mallarmé n'ignorait pas que, chez Poe et Verlaine, des faiblesses de caractère - l'alcoolisme et la débauche, notamment - avaient contribué à leur malheur, alors que chez Villiers, il n'y avait rien eu de tel, de sorte que son cas paraissait parfaitement exemplaire. C'est ainsi qu'il est amené à se demander si nous sommes arrivés à un stade de l'évolution de l'humanité où l'art est devenu superflu et où, par conséquent, les artistes n'ont plus droit de cité. La question est posée ici avec force:

> 'Faut-il donc, est-ce depuis peu décrété, en dépit même de leur
> venue possible, que de pareils hommes ne soient pas, ou qu'ils
> mettent une intérieure magnificence ... ce qui pour eux reste
> l'équivalent de ne pas être ... et voulussent-ils se trahir ils n'en
> connaitraient le moyen ... au service du besoin que la masse
> condescend à avoir de l'art: attendu qu'une nation peut se passer
> d'art, il serait beau même qu'elle en montrât la franchise, tandis
> qu'eux ne sauraient négliger leur manie.'

Bien entendu, Mallarmé ne croit pas que le monde puisse réellement se passer de la poésie, bien au contraire: et il se reprend aussitôt:

> 'Sciemment j'allègue une inexactitude: la foule, quand elle aura, en tous les sens de la fureur, exaspéré sa médiocrité, sans jamais revenir à autre chose qu'à du néant central, hurlera vers le poëte, un appel'.

Mais le temps de cet appel hypothétique est peut-être encore loin, et en attendant, la situation des poètes est critique. Il s'était déjà interrogé à ce sujet en 1885: 'je considère l'époque contemporaine comme un interrègne pour le poëte qui n'a point à s'y mêler' (p. 664), et il y revient ailleurs, quand il parle de 'la façon d'interrègne pour l'Art, ce souverain, où s'attarde notre époque' (p. 314) et, en 1894, quand il affirme: 'La situation, celle du poëte, rêvé-je d'énoncer, ne laisse pas de découvrir quelque difficulté, ou du comique. Un lamentable seigneur exilant son spectre de ruines lentes à l'ensevelir, en la légende et le mélodrame, c'est lui, dans l'ordre journalier' (p. 651).

Mallarmé était très conscient du fait qu'il avait lui-même bien moins souffert de cette situation que Villiers, parce qu'il avait pactisé avec le siècle en prenant un autre métier en dehors de la poésie. Bien que dans sa fameuse lettre autobiographique à Verlaine en 1885 il déclare n'avoir jamais regretté sa decision, 'malgré la perte de tant d'heures' (p. 662), on le sent quand même un peu honteux de n'avoir pas suivi la voie héroïque choisie par Villiers, 'ce pur héros des lettres', par Verlaine qui 'reste héros' (p. 511) et par Poe, 'un des plus grands héros littéraires' (p. 225). Lui, au contraire, avoue faire partie de 'plusieurs qui trouverions avec le dehors tel accommodement fastueux ou avantageux' (p. 511); il ne nie pas être 'le Monsieur, plutôt commode, que certains observent la coutume d'appeler par mon nom' (p. 401), et qui a 'une identité mondaine' distincte de son identité de poète (p. 284). Peut-être est-ce à cause de ce contraste qu'il s'est préoccupé de remèdes éventuels à la mauvaise situation de ceux qui voulaient se consacrer à la poésie. Son voyage en Angleterre en 1894, quand il a pris contact avec les collèges d'Oxford et de Cambridge (où 'mieux qu'ailleurs se mène l'expérience ou la découverte' (p. 636)) lui a même inspiré l'idée d'un *Fonds littéraire*, constitué au moyen d'une taxe sur la vente des ouvrages devenus classiques, qui aurait pour but de subvenir aux besoins des jeunes écrivains, 'cette élite qui rompt, par zèle, avec les carrières convenues' (p. 641). Ce projet, qu'il a exposé dans *Le Figaro*, lui a valu un abondant courrier, et il voulait même le soumettre au ministère, mais rien de concret n'en est résulté.

De toute façon, pour Villiers de telles mesures seraient arrivées trop tard, même si la 'cotisation amicale' organisée par Mallarmé avait pu, à la fin de sa vie, écarter 'tout l'appareil de vindicte social' et lui permettre de passer ses derniers jours dans 'la décence d'une maison hospitalière religieuse'. Mais pendant de longues années, sa vie avait été une lutte incessante et acharnée contre la misère, et comme il avait été incapable de faire comme Mallarmé et de scinder sa vie en deux (consacrant une partie seulement à la poésie, et l'autre au gagne-pain), il avait été contraint à ce qui pouvait paraître une 'impie déviation', quelquefois s'adonnant de tout son être à des occupations subalternes simplement pour se maintenir en vie. Evidemment, Mallarmé ne songe pas à lui reprocher ce choix, sans lequel il serait mort de faim, mais il était conscient du fait que, par la force des circonstances, les écrits de Villiers n'avaient pas été à la hauteur de ce qu'ils auraient pu être. L'éloge de l'oeuvre est donc assorti de quelques réserves: on peut déceler dans ce que Villiers a publié une 'trace journalière ou l'interpolation accusée par des combinaisons de librairie', ses oeuvres montrent des 'échafaudages' et ce sont des 'écrits par la détresse, que en vient à faire partie de soi, ravis comme des lambeaux' et 'comportant le désarroi de hasards où ils se produisirent'. Mais si la pauvreté est en grande partie responsable des imperfections des écrits de Villiers et l'a empêché de réaliser les grandes oeuvres dont il rêvait, on sent chez Mallarmé une autre réticence plus fondamentale. C'est qu'à son avis, Villiers est resté trop attaché à l'anecdote, à l'histoire à raconter, au détail concret, et Mallarmé exprime même ouvertement cette hésitation: 'Le vice de ce métaphysicien est qu'il ne sut point séparer, même aux jours de sa vigueur, l'alliage historique, lui, le contempteur, aveuglé contre le réel! par exemple de l'élément poétique exact'. Au fond, ce reproche s'apparente à celui qu'il adresse à Wagner, lui aussi trop attaché à l'histoire, sous forme de légende: 'Si l'esprit français, strictement imaginatif et abstrait, donc poétique, jette un éclat, ce ne sera pas ainsi: il répugne, en cela d'accord avec l'Art dans son intégrité, qui est inventeur, à la Légende' (p. 544). Les écrits de Villiers sont entachés de réel, donc de hasard, alors que l'art suprême, celui du Livre, exigerait l'abstraction. Avec une très grande honnêteté intellectuelle, Mallarmé ne cache pas les faiblesses - d'ailleurs toutes relatives - qu'il perçoit dans les oeuvres de Villiers.

Mais il ne leur en accorde pas moins une très grande admiration et va même jusqu'à leur attribuer une importance historique cruciale. Elles sont représentées, comme si souvent dans la pensée de Mallarmé, par le symbole du tombeau, évoqué en des termes d'une grande splendeur - et 'quel tombeau et le porphyre massif et le clair jade, les jaspures de marbres sous le passage de nues, et des métaux nouveaux: que l'oeuvre de Villiers de l'Isle-Adam'. Mais, plus loin, la nature de l'éloge se précise, et dans ce qui est la véritable conclusion de la conférence, juste avant cette espèce de post-scriptum adressé aux auditeurs belges, il revient sur l'effet produit par l'oeuvre de Villiers,

'dont l'impression, somme toute, ne ressemblant à autre chose, choc
de triomphes, tristesse abstraite, rire éperdu ou pire quand il se tait,
et le glissement amer d'ombre et de soirs, avec une inconnue gravité
et la paix, remémore l'énigme de l'orchestre'.

La mention de l'orchestre, amenée par l'allusion à la variété et à la somptuosité de la langue de Villiers, introduit ce résumé de ce qu'il a si magnifiquement accompli, souligné par la solennité toute spéciale de la présentation:

'or mon suprême avis, le voici. Il semble que par un ordre de l'esprit
littéraire, et par prévoyance, au moment exact où la musique paraît
s'adapter mieux qu'aucun rite à ce que de latent contient et d'à
jamais abscons la présence d'une foule, ait été montré que rien, dans
l'inarticulation ou l'anonymat de ces cris, jubilation, orgueils et tous
transports, n'existe que ne puisse avec une magnificence égale et de
plus notre conscience, cette clarté, rendre la vieille et sainte
élocution; ou le Verbe, quand c'est quelqu'un qui le profère.'

Pour comprendre toute la portée de cet éloge, il est nécessaire de rappeler que depuis plusieurs années, les rapports entre la musique et la littérature avaient été un des grands sujets de réflexion (et d'inquiétude) de Mallarmé. Le prestige grandissant de la musique lui avait semblé porter atteinte à la suprématie de la littérature, d'autant plus que la musique paraissait peut-être mieux adaptée que la poésie à l'expression de l'émotion, apparemment indicible par le langage, contenue dans l'âme collective de la foule. Dans ses méditations sur le Livre, cette qualité de la musique avait assumé pour Mallarmé une importance capitale, parce qu'il était convaincu de la nécessité absolue d'associer la foule aux manifestations du Livre, ce qui pouvait paraître plus facile à accomplir par le théâtre ou le concert. Cette préoccupation est déjà visible dans la conférence quand il demande:

> 'N'est-il de fêtes que publiques: j'en sais de retirées aussi et qu'en l'absence d'aucune célébration par la rue, cortèges, gloires, entrées, un cérémonial, en effet, peu de mise parmi notre strict décorum ou prudemment relégué aux symphonies, quelqu'un peut toutefois se donner'.

En effet, comme il l'explique ailleurs, la littérature peut, dans certaines conditions, rendre l'équivalent de la symphonie:

> 'Un solitaire tacite concert se donne, par la lecture, à l'esprit qui regagne, sur une sonorité moindre, la signification: aucun moyen mental exaltant la symphonie, ne manquera, raréfié et c'est tout - du fait de la pensée. La Poésie, proche l'idée, est Musique, par excellence - ne consent pas d'infériorité' (pp. 380-81).

Cette dernière phrase laisse toutefois entendre que beaucoup de contemporains, surtout à cette époque d'engouement pour les opéras et les théories de Wagner et pour l'esthétique de Schopenhauer, qui installe la musique au sommet de la hiérarchie des arts, seraient tentés d'accorder à la musique une place plus élevée que celle de la littérature. Dans ces conditions, on relève souvent dans les écrits de Mallarmé une certaine attitude défensive quand il parle de la musique. C'est ainsi que dans une lettre à René Ghil en 1885, il exhorte les poètes à défendre la littérature contre les empiètements de la musique, ce qui serait 'cet acte de juste restitution, qui doit être le nôtre, de tout reprendre à la musique' (*Corr.*, t. II, p. 286) ou que, dans *Crise de vers*, qui date de 1886, il fait allusion à 'un art d'achever la transposition, au Livre, de la symphonie, ou uniment de reprendre notre bien' (p. 367). Presque tout son *Richard Wagner: Rêverie d'un poète français* en 1885 est consacré à ce problème, qui visiblement le trouble beaucoup: 'Singulier défi qu'aux poëtes dont il usurpe le devoir avec la plus candide et splendide bravoure, inflige Richard Wagner! Le sentiment se complique envers cet étranger, transports, vénération, aussi d'un malaise que tout soit fait, autrement qu'en irradiant, par un jeu direct, du principe littéraire même' (pp. 541-42).

L'art traverse donc une periode de crise, où la musique risque de détrôner la poésie, parce qu'elle semble plus apte à exprimer ce qu'il y a d'obscur et de mystérieux dans l'âme humaine: 'la Musique et les Lettres sont la face alternative ici élargie vers l'obscur: scintillante là, avec certitude, d'un phénomène, le seul, je l'appelai, l'Idée' (p. 649). Ou ailleurs: 'Je sais, on veut à la Musique, limiter le Mystère, quand l'écrit y prétend' (p. 385). C'est dans cette conjoncture que l'exemple de Villiers, selon Mallarmé, est décisif. Le mystère inhérent à l'anonymat ou l'à inarticulation des cris de la foule semble réclamer la musique pour s'exprimer, mais Villiers a triomphalement démontré que le Verbe peut leur donner expression 'avec une magnificence égale' et en plus la lucidité intellectuelle, 'notre conscience, cette clarté'. Mallarmé attribue donc à Villiers un rôle capital dans l'évolution de l'art, puisque c'est grâce à lui que la position de la littérature a pu être sauvegardée à un moment où elle paraissait terriblement menacée.

Il est évident qu'en mettant cet éloge à la place d'honneur en guise de conclusion à la considération de la vie et l'oeuvre de Villiers, et en l'introduisant avec tant de gravité, Mallarmé entend souligner toute l'importance qu'il y attache. Et pourtant, sans révoquer en doute sa sincérité, on peut se demander si c'est là vraiment l'essentiel de sa pensée sur Villiers. Il y a d'abord le fait que Villiers lui-même en aurait été très surpris, peut-être même au point de vouloir en contester le bien-fondé. Après tout, il avait été un des initiateurs du wagnérisme littéraire en France, et il avait souvent cherché à associer la musique à la littérature, soit en mettant en musique les vers qu'il aimait, soit en envisageant un accompagnement musical à ses drames (il a ébauché une partition pour *Le Nouveau Monde* et il a tenu à avoir une musique de scène pour *Axël*). Il n'est donc nullement sûr qu'il aurait eu envie de se poser en défenseur de la littérature contre l'usurpation tentée par la musique. D'autre part, cette conclusion de Mallarmé arrive de façon quelque peu abrupte: elle n'est guère l'aboutissement d'un argument et ne repose pas sur une analyse détaillée de la langue de Villiers, à laquelle il est fait allusion par quelques compliments plutôt banals ('beauté des phrases, ne me tentez pas'), alors que Mallarmé met l'accent partout sur la qualité de la pensée de Villiers (son 'intelligence âpre et et princière', 'un prince intellectuel', 'ce penseur', 'une intelligence souveraine'). Cette disparité semble même tellement évidente qu'on a presque l'impression que Mallarmé, cherchant le plus grand éloge qu'on puisse décerner à un écrivain (tout au moins, le plus grand tant que personne n'aura écrit le Livre), a décidé de rendre à Villiers l'hommage le plus éclatant qui lui soit venu à l'esprit, sans trop se soucier de savoir s'il était réellement approprié à son cas.

Le véritable thème de la conférence est ailleurs et se rapproche beaucoup de celui de la conversation avec Mauclair sur 'le raté,' que nous avons citée plus haut. Ce qui préoccupe le plus Mallarmé dans ce texte, c'est sans aucun doute ce qu'on pourrait appeler la tragédie de Villiers, qui, dans la perspective mallarméenne, est presque la tragédie du poète tout court, qu'il résume dans cette phrase: 'cette existence d'un pur héros des lettres: invasion, naguères, du précoce enfant de victoires et de songe, dans un cénacle expectant de lettrés, ou la résignation d'hier acceptée par le glorieux défait'. Au fond, Mallarmé présente la vie de Villiers un peu de la même façon que Remy de Gourmont, qui, en termes plus succincts et plus brutaux, déclare: 'il sentait qu'il avait eu une destinée et qu'il l'avait manquée' (*Promenades littéraires*, 4e série, Paris, Mercure de France, 1927, p. 73). Celui qui à ses débuts avait été reconnu comme 'un génie', en qui ses contemporains avaient décelé 'l'élu', avait fini par n'être plus que 'le spectre gisant là des premières espérances', se demandant s'il n'avait pas été 'superflu à son temps', si l'existence avait 'à ce point glissé entre ses doigts, que lui-même n'en pût nettement remarquer aucune trace: avait-il été joué, était-ce cela?'. Au fond, pour Mallarmé, cette 'arrivée' fulgurante de Villiers avait été à la fois sa gloire et sa malédiction: sa gloire parce qu'il avait momentanément atteint une identité transcendante, malédiction parce qu'il n'avait pu maintenir indéfiniment cette identité à laquelle il refusait d'être inférieur - idée qui a inspiré cette formule mémorable qu'il met dans la bouche de Villiers: 'histrion véridique je le fus de moi-même! de celui que nul n'atteint en soi, excepté à des moments de foudre et alors on l'expie de sa durée, comme déjà'. C'est également le sens de la phrase extraordinaire dans laquelle il résume l'existence terrestre de Villiers: 'cette veillée mortuaire d'un homme debout auprès de lui-même'. Quelqu'un qui a été l'ami intime de Mallarmé aussi bien que celui de Villiers a énoncé une idée analogue en termes plus simples: c'est Henry Roujon, qui écrit à propos des débuts de Villiers:

> 'Dans les yeux amis où lui riait sa bienvenue, Villiers devina cette même confiance dont les regards de sa marraine et de sa mère étaient illuminés. Il se crut marqué pour un grand destin. Les autres le crurent aussi [...]. Le début de Villiers de l'Isle-Adam eut l'allure d'une entrée dans la gloire. Ce fut conquérant, magnifique - et meurtrier pour lui' (*La Galerie des bustes*, pp. 106-107).

Il est vrai que, selon ce qu'il a expliqué à Mauclair, Mallarmé considère cet échec comme étant aussi inévitable qu'honorable, mais pour Villiers ce n'en était pas moins un échec, et c'est la conscience de cette immense déception qui rend le récit de la vie de Villiers si émouvant. Mallarmé le représente sur son lit de mort 'recherchant en soi la personnification d'un des types humains absolus', et pour Mallarmé il a sans aucun doute été un de ces types absolus: peut-être plusieurs en même temps: 'l'authentique écrivain', Hamlet, 'le seigneur latent qui ne peut devenir', Poe, 'victime glorieuse volontaire' (p. 226), voire même Igitur ('Lui-même à la fin quand les bruits auront disparu, tirera une preuve de quelque chose de grand (pas d'astres? le hasard annulé?) de ce simple fait qu'il peut causer l'ombre en soufflant sur la lumière - '), peut-être aussi le Maître dans le naufrage du 'Coup de dés'. Sans doute est-ce en fin de compte dans l'identification de Villiers avec certaines de ces figures éternelles que réside, pour Mallarmé, l'ultime justification de l'existence de son ami et la preuve qu'il n'avait pas vécu en vain. Mallarmé lui fait dire ceci: 'J'avais raison, jadis, de me produire ainsi, dans l'exagération causée peut-être par l'agrandissement de vos yeux ordinaires, certes, d'un roi spirituel, ou de qui ne doit pas être: ne fût-ce que pour vous en donner l'idée', et il ajoute: 'Il se taisait; merci, Toi, maintenant d'avoir parlé, on comprend', et c'est sans doute pour cette raison que la partie de la conférence que Mallarmé a choisi d'incorporer aux recueils *Vers et prose* et *Divagations* n'est pas, comme on aurait pu s'y attendre, la partie consacrée à l'oeuvre, mais la section évoquant l'arrivée de Villiers à Paris en 1863, parce que c'est à ce moment"là que Villiers a été le plus près d'incarner le personnage idéal et exemplaire du Poète.

Au fond, même si Villiers n'avait pas réussi à tenir les promesses de son 'arrivée' à Paris, leur simple virtualité, contenue dans l'inoubliable figure qu'il avait été et que rappelait, jusque sur son lit de mort, ce 'fort ancien vieillard, dénué d'âge, ayant beaucoup bataillé', est aussi valable que l'aurait été leur réalisation (qui est peut-être d'ailleurs impossible). Villiers n'a pas écrit le Livre, mais il en a montré la voie et en a révélé la possibilité théorique. Sans doute est-ce là le véritable sens de 'ce Message', comme Mallarmé l'appelle, et dont la solennité justifie pleinement la dénomination d''oraison funèbre' qu'il lui donne dans la présentation de *Divagations* et qu'il avait utilisée déjà en 1892 en envoyant à Edmund Gosse 'cette conférence moitié oraison funèbre': il a même relevé, avec fierté, des expressions qui l'avaient frappé dans une notice d'ailleurs défavorable qu'Edmond Lepelletier avait consacrée au texte: 'Tous mes remercîments [...] pour le mot si juste de Messe en Musique, ou de Requiem, qui rend ce que je souhaitai faire' (L. J. Austin, '*La Correspondance* de Stéphane Mallarmé: Compléments et suppléments I'). De même qu'une oraison funèbre, ou un requiem, évoque des vérités éternelles en même temps qu'elle célèbre la mémoire d'un mort, cette oeuvre de Mallarmé est une proclamation de foi dans la Poésie et aussi un magnifique adieu à un homme unique.

EVOLUTION DU TEXTE

Le manuscrit de la conférence est conservé à la Bibliothèque Littéraire Jacques Doucet, sous la cote MNR Ms. 1245. Il consiste en quelque 145 feuillets de petit format, dont ceux qui comportent des citations des oeuvres de Villiers sont de la main de Geneviève Mallarmé, qui a dû les transcrire sur les indications de son père, d'après les textes imprimés. Ce manuscrit porte la trace de plusieurs séries de corrections: il y a d'abord celles qui ont été faites au moment de la rédaction et qui sont particulièrement nombreuses dans la première moitié de l'oeuvre (les dernières pages ont été écrites juste avant de prononcer la conférence, et Mallarmé n'a guère eu le temps d'hésiter); ensuite il y a celles qu'il a pratiquées en vue de la publication dans *La Revue d'aujourd'hui*, pour laquelle ce manuscrit a servi de base (il porte également la trace d'instructions pour les typographes); enfin, il y a des corrections au crayon bleu, apparemment par suite d'une révision de la dernière minute, toujours en vue de *La Revue d'aujourd'hui*.

Mallarmé a récrit de sa main les extraits de la conférence qu'il a envoyés à *L'Art moderne* en février 1890. Ce manuscrit, qui consiste en 44 feuillets de petit format, a fait partie de la Bibliothèque du colonel Daniel Sickles et n'est connu que par la description qui figure dans le catalogue de la vente (1989,; Vol. I, no. 138). Le manuscrit présente des ratures et des corrections et une note au crayon bleu fournit des instructions au directeur de *L'Art moderne*:

'Indications, pouvant servir à rédiger une note en bas de page, au besoin.
La Conférence présente:
Un Préambule (*cave canem*) exagérant un peu le ton grave, par mesure, avec un repos à la fin, pour permettre à qui se reconnaîtraient fourvoyé [*sic*], de regagner la porte, à temps.
Un Finale
(tous deux donnés ici en entier)
Et quatre morceaux intérieurs
I.   Physionomie de V. de l'I.-A., et la Presse, à sa mort.
II.   Son arrivée à Paris, 1863.
III.   Sa fin, 1889.
IV.   L'oeuvre.
(Il est donné ici des extraits des morceaux II, III, IV entre lesquels on pourra choisir).'

Il semble qu'en fin de compte que *L'Art moderne* ait choisi de donner intégralement les textes proposés par Mallarmé, mais ils ont été imprimés avec beaucoup de négligence (même le titre, en grandes capitales, comporte une faute énorme: 'LA CONFERENCE DE SPEPHANE MALLARME'). Mallarmé ayant révisé son manuscrit en le transcrivant, ce qui a paru dans *L'Art moderne* ne reproduit pas exactement le texte du manuscrit, d'autant plus que certaines des corrections du manuscrit sont postérieures à cette publication partielle. En outre, lorsqu'il s'est agi de préparer un texte complet pour *La Revue d'aujourd'hui*, Mallarmé n'a pas toujours tenu compte des changements apportés à l'intention de *L'Art moderne*; il est revenu au manuscrit originel. C'est ainsi que le texte de *L'Art moderne* n'est pas directement dans la filiation qui va du premier manuscrit aux textes complets publiés par la suite. Bon nombre de modifications introduites dans *L'Art moderne* n'ont pas eté retenues dans les publications ultérieures, et, naturellement, celles qui ont été apportées au manuscrit après la publication des extraits de *L'Art moderne* ne figurent pas dans cette revue.

Quant à *La Revue d'aujourd'hui*, d'une façon génerale, et à quelques exceptions près, le texte du manuscrit corrigé est fidèlement reproduit, et les déviations sont peut-être des corrections d'auteur effectuées sur épreuves. Relativement peu de modifications apparaissent dans l'édition Lacomblez de 1892; on peut supposer que c'est le texte de *La Revue d'aujourd'hui* qui a servi de base à cette édition. En revanche, les textes des publications partielles dans *Vers et prose* et dans *Divagations* en 1897, tout en étant très proches l'un de l'autre, ont de nouveau été modifiés par Mallarmé.

D'une façon générale, on constate que les grandes lignes de la conférence sont restées inchangées depuis le manuscrit jusqu'à la fin de la vie du poète, et que les corrections n'ont porté que sur les détails de l'expression, qui ont été soigneusement revus d'une version à l'autre. Il est vrai que sur le manuscrit Mallarmé avait prévu un découpage un peu différent dont les divisions n'interviennent pas aux mêmes endroits que dans les textes imprimés. Mais c'est le seul changement quelque peu important. Les autres variantes, quoique nombreuses, n'intéressent jamais que quelques lignes au maximum, et se réduisent le plus souvent chacune à un seul mot.

PRINCIPES D'EDITION

Dans l'édition de la Bibliothèque de la Pléiade, Henri Mondor et Georges Jean-Aubry disent avoir adopté le texte complet (p. 1577): mais sans préciser s'il s'agit de celui de *La Revue d'aujourd'hui* ou de celui de l'édition Lacomblez; ils prétendent d'ailleurs que ces deux textes sont identiques, à l'exception de quelques coquilles et de deux corrections d'auteur (p. 1337), ce qui est inexact; sans être très importantes les différences sont bien plus nombreuses. Mais pour la section reprise dans *Divagations*, ils déclarent avoir suivi ce texte plus tardif, ce qui s'avère être inexact aussi; quelquefois, dans cette section, ils reviennent à une leçon antérieure. Ils ont ainsi abouti à un texte composite et peu fiable.

Nous aurions pu évidemment suivre l'exemple que théoriquement ils ont voulu donner, et adopter la version Lacomblez sauf pour la section II où nous aurions pu adopter ce texte révisé par l'auteur. Il en aurait résulté un texte partout conforme aux dernières volontés connues de l'écrivain. Mais nous avons préféré une autre solution, qui consiste à prendre pour base partout le texte Lacomblez, qui a le mérite d'être homogène et sans lacunes.

Etant donné que seuls les textes de *La Revue d'aujourd'hui* et de l'édition Lacomblez sont complets, il est utile de dresser un tableau des différentes versions des diverses sections de la conférence (nous utilisons les sigles suivants: AM (*L'Art moderne*), RA (*La Revue d'aujourd'hui*), L (*Lacomblez*), VP (*Vers et prose*), D (*Divagations*).

p. 3	('Un homme au rêve habitué ... ce camarade') figure dans AM, RA et L.
pp. 4-10	('Sa vie ... août 1889') figure dans RA et L seulement.
p. 11	('Nul, que je me rappelle ... la devise est restée') figure dans tous les textes imprimés.
p. 11-12	('Quel rapport ... Catulle Mendès') figure dans RA, L, VP et D, mais est omis dans AM.
p. 12	('Un génie ... de nous irrêvé') figure dans tous les textes imprimés.
pp. 12-14	('Certainement ... chants brefs') figure dans RA, L, VP et D, mais est omis dans AM.
pp. 14-16	('L'AVEU ... de l'humanité') figure dans RA et L seulement.
pp. 16-18	('Ainsi, il vint ... sa vision pure') figure dans tous les textes imprimés.
p. 19	('Attestateur ... que dans ses rêves') figure dans AM, RA et L.
p. 19	('Tant de ferveur ... imposé le hasard') figure dans RA et L seulement.
pp. 19-20	('Tant de bravoure ... le moment opportun') figure dans AM, RA et L, sauf que dans AM Mallarmé a omis les lignes: 'Quoi! ... son chevet' et 'dans le regard ... espérances: avec' (p. 00).
pp. 20-30	('Plaisamment ... triste, superbe') figure dans RA et L seulement.
pp. 30-32	('Tel, dans son intégrité ... ce message') figure dans AM, RA et L.

Nous avons retenu toutes les variantes du manuscrit et des textes imprimés qui présentent une nuance perceptible dans la signification ou dans l'expression: nous n'avons pas tenu compte des modifications de ponctuation, très nombreuses et peut-être pas toutes attribuables à Mallarmé (exception faite pour celles qui changeaient le sens d'une phrase), ni des changements dans l'ordre des mots lorsqu'ils n'affectaient pas le sens. Pour les variantes du manuscrit, nous n'avons pu donner toutes les variantes résultant des ratures, certaines de celles-ci ayant été faites avec tant de soin que la leçon d'origine est indéchiffrable. Nous avons donné entre crochets toutes celles qu'il nous a été possible de lire.

La décision de prendre comme texte de base celui de l'édition Lacomblez entraîne un problème de présentation dans les variantes. Normalement, on donne celles-ci dans l'ordre inverse de la chronologie, c'est-à-dire qu'en partant du dernier texte revu par l'auteur on remonte à travers les publications successives jusqu'au manuscrit primitif. Etant donné que l'édition Lacomblez est postérieure aux versions de *L'Art moderne* (AM) et de *La Revue d'aujourd'hui* (RA) mais antérieure aux textes partiels de *Vers et prose* (VP) et *Divagations* (D), nous avons décidé de donner d'abord les leçons de l'édition Lacomblez et de *La Revue d'aujourd'hui*, ensuite celles de *Vers et prose* et de *Divagations* et en dernier lieu celles du manuscrit (MS).

Il va sans dire que nous n'avons pas cru utile de relever toutes les fautes d'impression; elles sont particulièrement nombreuses dans AM mais on en trouve aussi dans les autres textes imprimés. Cependant dans quelques cas, lorsque l'hésitation est permise, nous avons signalé des variantes dont on ne pouvait pas savoir s'il s'agissait de coquilles ou de corrections d'auteur.

Nous donnons le texte du MS chaque fois qu'il présente une difference avec les versions imprimées ou qu'il permet de resoudre un problème textuel; lorsque nous ne précisons pas la leçon du MS, c'est qu'elle est identique au premier texte publié, soit AM, soit RA selon les cas. Les mots barrés sur MS sont donnés entre crochets.

OUVRAGES ET ARTICLES CONSULTES

Austin, L. J., 'Mallarmé et la critique biographique', *Comparative Literature Studies*, 4, nos. 1 and 2 (1967).

Austin, L. J., '*La Correspondance* de Stéphane Mallarmé: Compléments et suppléments I', *French Studies*, 40, no. 1 (1986).

Austin, L. J., '*La Correspondance* de Stéphane Mallarmé: Compléments et suppléments II', *French Studies*, 41, no. 2 (1987).

Banville, Théodore de, '*Isis*', *Le Boulevard*, 31 août 1862.

Baude de Maurceley, 'La Vérité sur le salon de Nina de Villard', *Le Figaro*, 3 avril 1929.

Bergerat, Emile, *Souvenirs d'un enfant de Paris*, Fasquelle, 1911-1912.

Bloy, Léon, *Lettres aux Montchal*, éd. Joseph Bollery, Paris, Bernouard, 1947.

Bollery, Joseph, *Léon Bloy*, t. II, Paris, Albin Michel, 1949.

Calmettes, Fernand, *Leconte de Lisle et ses amis*, Paris, Librairies-Imprimeries réunies, s.d. [1902].

Castex, Pierre-Georges, et Avice, Jean-Paul, *Villiers de l'Isle-Adam 1838-1889* (Catalogue de l'exposition). Paris, Bibliothèque Historique de la Ville de Paris, 1989.

Cazals, F.-A., *Paul Verlaine, ses portraits*, Paris, Bibliothèque de l'Association, 1896.

Coppée, François, '*Le Nouveau Monde*', *La Patrie*, 26 février 1883.

Deffoux, Léon, *Les Derniers Jours de Villiers de l'Isle-Adam*, Paris, Bernard, 1930.

Du Pontavice de Heussey, Robert, *Villiers de l'Isle-Adam*, Paris, Savine, 1893.

Fowlie, Wallace, *Mallarmé*, Londres, Dobson, 1953.

France, Anatole, *La Vie littéraire*, t. III, Paris, Calmann Lévy, 1891.

Gautier, Judith, *Le Troisième Rang du collier*, Paris, Juven, 1909.

Gavrinis, Louis de, 'Villiers de l'Isle-Adam', *La Comédie humaine*, 2 janvier 1875.

Gill, Austin, *The Early Mallarmé*, t. II, Oxford, Clarendon Press, 1986.

Goncourt, Edmond et Jules de, *Journal*, Paris, Fasquelle-Flammarion, 1959.

Gourmont, Remy de, *Le Livre des masques*, Paris, Mercure de France, 1921.

Gourmont, Remy de, *Promenades littéraires*, 2e série, Paris, Mercure de France, 1906.

Gourmont, Remy de, *Promenades littéraires*, 4e série, Paris, Mercure de France, 1920.

Guiches, Gustave, 'Villiers de l'Isle-Adam intime', *Le Figaro*, 31 août 1889.

Guiches, Gustave, 'Villiers de l'Isle-Adam', *La Nouvelle Revue*, 1er mai 1890.

Guiches, Gustave, *Au banquet de la vie*, Paris, Spes, 1925.

Guiches, Gustave, *Le Banquet*, Paris, Spes, 1926.

Huysmans, J.-K., *Lettres inédites à Jules Destrée*, Paris, Droz-Minard, 1967.

Jean-Aubry, Georges, *Villiers de l'Isle-Adam et Stéphane Mallarmé. Une amitié exemplaire*, Paris, Mercure de France, 1942.

Kahn, Gustave, *Silhouettes littéraires*, Paris, Montaigne, 1926.

Kravis, Judy, *The Prose of Mallarmé*, Cambridge, Cambridge University Press, 1976.

Laujol, Henry [Henry Roujon], 'Villiers de l'Isle-Adam', *La Jeune France*, 1er avril 1883.

Le Roux, Hugues, *Portraits de cire*, Paris, Lecène, 1891.

Mauclair, Camille, *Princes de l'Esprit*, Paris, Ollendorff, 1920.

Mauclair, Camille, *Mallarmé chez lui*, Paris, Grasset, 1935.

Mendès, Catulle, *'Isis'*, *Le Boulevard*, 31 août 1862.

Mendès, Catulle, *La Légende du Parnasse contemporain*, Bruxelles, Brancart, 1884.

Mendès, Catulle, *Rapport sur le mouvement poétique de 1867 à 1900*, Paris, Imprimerie Nationale, 1903.

Mondor, Henri, *Vie de Mallarmé*, Paris, Gallimard, 1941.

Mondor, Henri, *Mallarmé plus intime*, Paris, Gallimard, 1944.

Michaud, Guy, *Mallarmé: L'Homme et l'oeuvre*, Paris, Hatier-Boivin, 1953.

Michelet, Victor-Emile, *Figures d'évocateurs*, Paris, Figuière, 1913.

Paxton, Norman, *The Development of Mallarmé's Prose Style*, Genève, Droz, 1968.

Racot, Adolphe, *Portraits d'aujourd'hui*, Paris, Librairie illustrée, 1887.

Raitt, A. W., 'Autour d'une lettre de Mallarmé', *Autour du Symbolisme*, Paris, Corti, 1955.

Raitt, Alan, *Villiers de l'Isle-Adam exorciste du réel*, Paris, Corti, 1987.

Régnier, Henri de, *Nos rencontres*, Paris, Mercure de France, 1931.

Régnier, Henri de, *De mon temps*, Paris, Mercure de France, 1933.

Ricard, Xavier de, *Petits mémoires d'un parnassien*, éd., M. Pakenham, Paris, Lettres Modernes, 1967.

Rod, Edouard, 'Mes débuts dans les lettres', *La Semaine littéraire* (Genève), 17 septembre 1910.

Roujon, Henry, 'Villiers de l'Isle-Adam', *La Revue bleue*, septembre 1889.

Roujon, Henry, 'Lorsque Villiers de l'Isle-Adam nous jouait du Wagner...', *Le Journal*, 28 février 1904.

Stock, P.-V., *Memorandum d'un éditeur*, t. II, Paris, Stock, 1936.

Taine, Edouard, '*Le Nouveau Monde*', *L'Etoile de France*, 14 mars 1883.

Trésors de la littérature française du XIXe siècle (Catalogue de la Bibliothèque du Colonel Daniel Sickles, t. I), Paris, 1989.

Vanwelkenhuyzen, Gustave, *Villiers de l'Isle-Adam vu par les Belges*, Bruxelles, Palais des Académies, 1959.

Wais, Kurt, *Mallarmé*, Beck, 1952.

Warmoes, Jean, 'Le *Villiers de l'Isle-Adam* de Stéphane Mallarmé (lettres inédites)', *Bulletin du Bibliophile*, 1984, no. 1.

LES MIENS

I

Villiers

de l'Isle-Adam

Var : VILLIERS DE L'ISLE ADAM L et D: VILLIERS DE L'ISLE-ADAM / CONFERENCE PAR
STEPHANE MALLARME RA: LA CONFERENCE DE STEPHANE MALLARME SUR
VILLIERS DE L'ISLE-ADAM AM: VILLIERS DE L'ISLE ADAM (SOUVENIR) VP

Var : *Dans RA, on lit cette note en bas de page*: Ainsi qu'elle fut donnée en Belgique six fois, dont deux à
Bruxelles, puis à Anvers, Gand, Liège, Bruges - et, une fois, à Paris, devant un auditoire privé, dans
le salon de Mme Eugène Manet. - Février 1890 - La Revue d'Aujourd'hui a acquis seule le droit de
reproduction en entier. [*La note est légèrement inexacte, étant donné qu'après la première
conférence à Bruxelles, Mallarmé a considérablement abrégé son texte. Peut-être est-ce pour cela
que la note qui figure en tête de L a été quelque peu modifiée*: "CETTE CONFERENCE / DITE /
SIX SOIREES EN BELGIQUE, / DONT DEUX A BRUXELLES, PUIS ANVERS, GAND, LIEGE
ET BRUGES, / ET UNE A PARIS, AVEC UN AUDITOIRE PRIVE / DANS LE SALON DE
MADAME EUGENE MANET / FEVRIER 1890."]

Un homme au rêve habitué, vient ici parler d'un autre, qui est mort.

Mesdames, Messieurs

(Le causeur s'assied)

Sait-on ce que c'est qu'écrire? une ancienne et très vague mais jalouse
5   pratique, dont gît le sens au mystère du coeur.
Qui l'accomplit, intégralement, se retranche.
Autant, par ouï dire, que rien existe et soi, spécialement, au reflet de la
divinité éparse: c'est, ce jeu insensé d'écrire, s'arroger, en vertu d'un doute - la
goutte d'encre apparentée à la nuit sublime - quelque devoir de tout recréer, avec
10   des réminiscences, pour avérer qu'on est bien là où l'on doit être (parce que,
permettez-moi d'exprimer cette appréhension, demeure une incertitude). Un à
un, chacun de nos orgueils, les susciter, dans leur antériorité et voir. Autrement,
si ce n'était cela, une sommation au monde qu'il égale sa hantise à de riches
postulats - chiffrés, en tant que sa loi, sur le papier blême de tant d'audace - je
15   crois, vraiment, qu'il y aurait duperie, à presque le suicide.

Le démon littéraire qui inspira Villiers de l'Isle-Adam, à ce point fut-il
conscient? par éclairs - peut-être ne voulant effrayer, avec un déploiement de ses
suprêmes conséquences, qui il marque, tout de suite; mais je sais bien, avec mon
sens de témoin d'un destin extraordinaire, que personne jamais ne présenta,
20   approché, ou ici raconté, le caractère de l'authentique écrivain, à part, ne sachant
que soi, ou même l'ignorant afin d'en tirer pour sa propre stupeur superbement
le secret, comme ce camarade.

Var : l. 3 : *(Le causeur s'assied)* [*n'est pas dans RA*]
Var : l. 15 : Autant, par ouï dire (...) le suicide L et RA: Autant par ouï-dire que tout existe et soi,
spécialement, ce reflet de la divinité éparse, c'est, ce jeu insensé d'écrire, s'arroger, en vertu d'un
doute - la goutte d'encre apparentée à la nuit sublime - le devoir de recréer tout avec des
réminiscences, pour s'avérer qu'on est bien là où l'on doit être, parce que (permettez-moi d'exprimer
cette appréhension) il y aurait lieu quelquefois de l'oublier. Tout, tout se présente méconnaissable,
enchevêtré, fruste, à qui regarde. Un à un, chaque de nos orgueils, les susciter dans leur antériorité, et
voir.
    Autrement, si ce n'était cela, une sommation au monde qu'il égale sa hantise à de riches
postulats - chiffrés, en tant que sa loi, sur le papier blême de tant d'audace, je crois vraiment qu'il y
aurait duperie, à presque ce suicide.
    [Honneur simplement de sa signature, le fait aussi de ne pas s'emparer de ce qui n'appartient
pas, avant d'y avoir réfléchi, c'est une façon, comme dans les commerces divers, de tenir des
comptes]
    Il est quelques actes de portée absolue, tremper une plume notamment.
    [*Ce passage a été reproduit, d'après le manuscrit, par Henri Mondor, dans 'Mallarmé plus intime',
p. 168, et les deuxième et quatrième paragraphes figurent dans AM*]
Var : l. 17 : conscient? par éclairs L et RA: conscient - Par éclairs AM

I

Sa vie - je cherche rien qui réponde à ce terme : véritablement et dans le
sens ordinaire, vécut-il?

Il habita, à Paris, une haute ruine inexistant, avec l'oeil sur le coucher
héraldique du soleil (nul ne le visita); et en descendait à ses moments, pour aller,
5   venir et ne s'y différencier de l'agitation, qu'à la vue d'un visage deviné ou
connu : alors le prestigieux interlocuteur de soi-même ou songeur toujours à
haute voix s'arrêtait: "M'a-t-il donc aperçu, celui-là, tel que je suis, en cet
instant, selon mon âme?" questionnait-il expansif, méfiant. Sa présence
convoquée en même temps que scrutée avec précision une intelligence chez le
10   passant, telle phrase, miroitante, neuve, abrupte, jaillissait pour déconcerter par
le disparate d'avec rien alentour et aussi par une appropriation perspicace à l'état
d'autrui. Je me rappelle, en voici, à quoi le boulevard prêta d'abord son facile
écho; aujourd'hui classées, morceaux parmi ceux illustres de l'oeuvre.

«Inclinons-nous devant ce divin sens commun, qui change
15   d'avis à tous les siècles, et dont le propre est de haïr,
mentalement, jusqu'au nom même de l'âme. Saluons en gens
éclairés ce sens commun, qui passe, en outrageant l'Esprit,
tout en suivant le chemin que l'Esprit lui trace et lui intime de
parcourir. Heureusement l'Esprit ne prend pas plus garde à
20   l'insulte du sens commun que le pâtre ne prend garde aux
vagissements du troupeau qu'il dirige vers le lieu tranquille de
la mort ou du sommeil.»
                                    TRIBULAT BONHOMMET.

Et

25   Au nom de Milton, il s'éveillera, dans l'entendement des
auditeurs, à la minute même, l'inévitable arrière-pensée d'une
oeuvre beaucoup *moins* intéressante, au point de vue positif,
que *celle* de Scribe. - Mais cette réserve obscure sera
néanmoins telle, que tout en accordant plus d'estime *pratique*
30   à Scribe, l'idée de tout parallèle entre Milton et ce dernier
semblera (d'instinct et malgré tout) comme l'idée d'un
parallèle entre un sceptre et une paire de pantoufles, quelque

---

Var : l. 5 : venir L et RA: venir, [en la vulgarité] MS
Var : l. 5 : l'agitation, L et RA: l'agitation [uniforme] MS
Var : l. 7 : s'arrêtait, L et RA: s'arrêtait court MS
Var : l. 8 : questionnait-il L et RA: [interrogeait-il] questionnait-il MS
Var : l. 10 : miroitante, neuve, abrupte L et RA: [lumineuse], miroitante, abrupte, neuve, grandiose MS
Var : l. 13 : l'oeuvre L et RA: l'oeuvre. / Ceci, maintenant dans TRIBULAT BONHOMMET MS
Var : l. 23 : TRIBULAT BONHOMMET L et RA: [n'est pas dans MS]

pauvre qu'ait été Milton, quelque argent qu'ait gagné Scribe,
quelque inconnu que soit demeuré longtemps Milton, quelque
universellement notoire que soit, déjà, Scribe. En un mot,
l'*impression* que laissent les vers, même inconnus de Milton,
5   étant passée dans le nom même de leur auteur, ce sera ici, pour
les auditeurs, *comme s'ils avaient lu* Milton.
        Lorsque ce phénomène est formellement constaté à propos
d'une oeuvre, le résultat de la constatation s'appelle la gloire!
                CONTES CRUELS : *La Machine à Gloire.*

10   Le front riche de l'aumône ainsi à quiconque improvisée, où courait-il, déjà,
un matinal foulard noué autour du cou : vers des passions? il n'en connut qu'une
seule, qui l'absorba et eut raison de forces fameuses, à cause de ce revers, la
pénurie - et ce fut la Littérature : alors, à des affaires, peut-être? voilà que je ne
souris pas et me prends à répondre : "Précisément, oui, c'est cela". Stupéfiantes
15   affaires, fantasques, enchevêtrées, à défrayer les récits; mais devant leur secret
aujourd'hui, je m'incline, le coeur serré, attendu qu'elles dotèrent du gîte, et de
sommaire chère, juste de quoi autoriser la discrétion dont toujours il voila son
intimité, même aux siens, celui qui quotidiennement y tendait l'étoffe de
fastueux pensers. Courses, débats, il vouait à cette obscure poursuite la même
20   intelligence âpre et princière qu'à la recherche de l'idée elle-même, la spéciale
et toute de luxe organisation du poëte restant une ... L'instinct, chez l'être
redevenu originel, demeure, indivis et sans dédoublement, la source chaste de
ses facultés : ou un tel enfantin et puissant amalgame va-t-il le falloir mettre en
activité, pour l'appétit! Impie déviation, nécessaire qui, par contre, doue le triste
25   privilégié inapte à se séparer de soi, admirablement de la vertu inverse, ou ne
jamais, dans les passes, perdre l'accompagnement voltigeant à l'entour et
tumultueux, familier, de ses songeries.
        Simplement, on le rencontra, ce fut tout.
        A la suite d'un de ces abords subits sur le trottoir, bris ainsi que d'une vitre,
30   d'où s'écroulait la joaillerie, le ton, nul ne l'oubliera, comme si c'était étrange,
et contraire ou oiseux, qu'il vécût, dont on disait se prenant à part, entre les six
ou sept que nous fûmes à le connaître : "J'ai vu Villiers!" à quoi cette question
immanquablement. "Qu'a-t-il dit?" avant que personne se préoccupât de la

---

Var : l. 6 : *avaient lu* Milton L et RA: *avaient lu* Milton. [En effet, la Littérature proprement dite n'existant
        pas plus que l'Espace pur, ce que l'on se rappelle d'un grand poete, c'est *l'Impression* dite de
        sublimité qu'il nous a laissée, par et à travers son oeuvre, plutôt que l'oeuvre elle-même, et cette
        impression sous le voile des langages humains, pénètre les traductions les plus vulgaires] MS
Var : l. 12 : l'absorba L et RA: [le dévora] l'absorba MS
Var : ll. 14-15 : Stupéfiantes affaires, fantasques, enchevêtrées, à défrayer les récits L et RA:
        [Impressionnantes] Stupéfiantes affaires, [fantastiques] fantasques, [compliquées] enchevêtrées,
        [paradoxales], à défrayer [de plaisants] les récits MS
Var : l. 21 : L'instinct L et RA: [Quoi,] l'instinct MS
Var : l. 24 : nécessaire (...) doue L et RA: nécessaire, - dans les [fausses] civilisations où le droit d'exister
        ne procède pas directement du beau qui par contre doue MS
Var : l. 25 : admirablement L et RA: [équitablement] admirablement MS
Var : l. 31 : étrange, et contraire ou oiseux L et RA: anormal et oiseux MS
Var : l. 31 : vécût L: vécut RA et MS [*lapsus de Mallarmé*]

clémence de l'instant à son égard, ou des vicissitudes, à cause d'une réserve
chez lui-même très stricte sur ce point, celle décidément d'un être envisageant
que rien ne reste à faire pour atteindre sa part au tas vulgaire : préférant alors le
silence. Accord qui très vite s'établissait, vu que c'est également une pudeur
5   chez tous de fermer les yeux sur les maux placés au delà de l'assistance - l'aveu
qu'on s'en ferait diminuerait la figure amicale choyée - lui y acquiesçait non
sans un conscient sourire. Perspicace sous la hâte parfois de sa mise, la
diplomatique connaissance des hommes qu'il cachait! au besoin, il eût, dans ce
cas, paré à la moindre gêne chez quelqu'un et insinué, pour en distraire le
10   trouble, une diversion mélancolique dans le genre de "Vraiment je porte un nom
qui rend tout difficile" complétée par cette boutade à voix basse en manière
d'explication " - et maudit, ma foi! un de mes ancêtres ayant osé faire un doigt
de cour à Jeanne d'Arc." Mais si l'on insistait! A ce financier juif qui, au fait du
don de sarcasme, offrait, pour une réponse au pamphlet célèbre contre ses
15   coreligionnaires, la somme immédiate, quelconque, voulue : "Le prix est déjà
fait, c'est" répondit le gentilhomme, "c'est trente deniers".

Le même partout, ou le seul, sur l'asphalte et dans sa nuée, ce personnage,
énonciateur de merveilleux discours tout à l'heure répercutés, à tout le moins
jouissait de sa situation, étranger presque avec les mêmes mots, mieux employés
20   - on restait, lui parti, certes étonné comme par la grandiloquence d'un texte en
suspens, sauf à n'apercevoir, en réalité, maintenant, dans l'espace, d'autres
majuscules que d'étalages, ou d'annonces.

Choix sagace que le site entre tous banal, au dehors, pour y éveiller des
mirages! là peut-être, et avant leur gisement au livre, un défi à la médiocrité
25   restait entier : pour l'éperdu combat que le querelleur mena contre toute
infatuation moderne, qu'elle s'appelât industrie, progrès, même Science.

Ou bien au gré de détours, une porte par sa main poussée sur quelque lieu
féerique et vain, où se condense plus énervante l'apothéose de la rue, si l'habitué
y accompagnait quelqu'un jugé son auditeur comme pour une suprême
30   confidence, il s'apprêtait, insoucieux du local, à y faire les honneurs de soi : rien
ou quoi qu'on y portât à ses lèvres, c'était l'oubli inconnu à toute liqueur. Tant
de feu en son silence et l'impossibilité d'aborder le millier des propos, comme

Var : l. 9 : chez quelqu'un L et RA: chez [son interlocuteur] [autrui] quelqu'un MS
Var : l. 10 : le trouble L: le trouble momentané RA
Var : l. 14 : du don de sarcasme L et RA: du don [terrible] de sarcasme MS
Var : l. 16 : déjà fait L: fixé de tout temps RA
Var : l. 17 : Le même partout, ou le seul L et RA: Le même [il fut] partout [étant] [puisque] [étant] ou le
seul MS
Var : l. 18 : discours L et RA: discours [tout à l'heure] [jusqu'à nous] MS
Var : l. 19 : les mêmes mots L et RA: les mêmes mots [que tous] MS
Var : l. 20 : étonné L et RA: [stupéfait] étonné MS
Var : l. 21 : n'apercevoir, en réalité L et RA: s'apercevoir, [qu'il n'y avait plus] en réalité MS
Var : l. 22 : d'étalages ou d'annonces L et RA: [celles des] d'étalages ou d'annonces MS
Var : l. 23 : sagace que le site L et RA: sagace [pourtant] que [celui de] le site MS
Var : l. 23 : éveiller L et RA: [épandre] [susciter] éveiller MS
Var : l. 25 : restait L et RA: restait [-il] MS
Var : l. 26 : industrie L et RA: industrie, [vulgarité] MS
Var : l. 30 : s'apprêtait L et RA: [continuait] s'apprêtait MS

les flammes distantes entre elles et mobiles du gaz. Son vêtement, avec la brusquerie d'un livre, ouvert, - il était, lui, ce folio authentique, prêt toujours - apparaissait, aussi, de quelque profondeur de poches la candide réalité d'un papier.

5   Le manuscrit de Villiers de l'Isle-Adam, c'est admirable, et sacré, laissez-m'en parler.

La mode enjoint qu'un rien de blancheur quelconque, mouchoir, gant, je ne said, ou fleur pâle de serre, interrompe la monotonie du vêtement contemporain : lui, dandy d'autre façon, avait, une fois pour toutes et à l'abri des variations,
10   choisi son insigne et droit il avait été à ce qui le distinguait, effectivement, des autres, la page sur quoi on écrit, évocatoire et pure, à moitié il la cachait, la montrait aussi, avec inquiétude jusqu'à ce qu'il sentît une interrogation amie s'y poser et la tirât, victorieuse. Cela signifiait : "Je vais bien, merci - tout, également. Ne parlons pas d'autre chose" et supprimait les allusions nulles à ce
15   que "vraiment, quand on a le plaisir de se trouver en compagnie, il est licite d'omettre".

Moi, j'ignore, pour quelle cause je ne puis me remémorer cet accessoire principal de Villiers de l'Isle-Adam, un manuscrit, sans que le souvenir m'en émeuve au delà de tout; ou peut-être voici.

20   Livré au fait ignoble contre un qui veut s'y soustraire, et en côtoyant certes les hideurs, c'était - une présence de l'éternel et palpable germe du chef-d'oeuvre en train - l'avertissement ingénu, très près du coeur, qu'il eût à déserter telle traverse mauvaise : les deux mains si fières, probes, intactes de l'homme, s'en saisissaient comme du talisman et opposaient au jour issu d'un ciel douteux
25   plusieurs signes certains, déjà lisibles dans leur immortalité, pour sauver, autant que la dignité menacée, son âme, son antique âme, à laquelle il croyait, soit l'intégrité constituée par sa spéciale pensée magnifique. Il partagea l'existence des moins favorisés, à cause même de ce léger feuillet interposé entre le reste et lui! Alors je pense aux armes familiales et, notamment que ce papier, tenu
30   comme un lys, eût bien abouti, en tant que légitime, immaculé, épanouissement, à cette main sur son "blason d'or, au chef d'azur chargé d'un dextrochère, revêtu d'un fanon d'hermine brochant sur le tout".

Ni japon, ni vélin, le fidèle chiffon était quelquefois lent à se déplier, dans le sens exact; auparavant, avec le désespoir de la perfection, sans doute froissé :

Var : l. 3 : candide L et RA: [naïve] candide MS
Var : l. 5 : admirable L et RA: [inénarrable] admirable MS
Var : l. 6 : laissez-m'en parler L: laissez-moi vous en parler RA
Var : l. 9 : variations L et RA: variations [de l'étiquette] MS
Var : l. 15 : à ce que L et RA: à [tout] ce que MS
Var : l. 19 : peut-être voici L et RA: [ou plutôt] la voici MS
Var : l. 20 : ignoble L et RA: [[ignoble] et [cruel] enchevêtrement des faits [apparu sur] contre une immortalité. Même à défaut d'aucun, la candeur, au moins, l'ineffable simplicité me subjugue, de qui, par enchantement et pour sauver autant]
Var : l. 26 : autant que la dignité menacée L et RA: autant que, [dans ce cas,] la dignité menacée MS
Var : l. 27 : l'intégrité L et MS: l'antiquité RA [*il s'agit probablement d'une faute d'impression*]
Var : l. 31 : cette main L et RA: cette main vide MS
Var : l. 31 : dextrochère L: destrochère RA

or voici, tant la surcharge le muait en palimpseste ou, je dois dire, l'usure en
oblitérait la teneur, que ne se présentait rien de déchiffrable. L'abondante et
presque morbide mémoire de l'auteur eût exclu toute déception; des textes
comme ceux-ci émanaient souvent :

5   Cependant, au déclin de cette journée, dans Bénarès, une
rumeur de gloire et de fête étonnait le silence accoutumé des
tombées du soir. - La multitude emplissait d'une allégresse
grave les rues, les places publiques, les avenues, les carrefours
et les pentes sablonneuses des deux rivages, car les veilleurs
10   des tours saintes venaient de heurter, de leurs maillets de
bronze, leurs gongs où tout à coup avait semblé chanter le
tonnerre. Ce signal, qui ne retentissait qu'aux heures sublimes,
annonçait le retour d'Akëdysséril, de la jeune triomphatrice
des deux rois d'Agra, - de la svelte veuve au teint de perle, aux
15   yeux éclatants - de la souveraine, enfin, qui, portant le deuil en
sa robe de trame d'or, s'était illustrée à l'assaut d'Eléphanta
par des faits d'héroïsme qui avaient enflammé autour d'elle
mille courages.
      Tous les yeux interrogeaient l'horizon. - Viendrait-elle
20   avant que montât la nuit? Et c'était une impatience à la fois
recueillie et joyeuse.
      Le soir, qui l'illuminait, empourprait le grandiose
entourage. Entre les jambes des éléphants pendaient distinctes,
sur le rouge-clair de l'espace, les diverses extrémités des
25   trompes; et, plus haut, latérales, les vastes oreilles
sursautantes, pareilles à des feuilles de palmier.
      Dominant le désordre étincelant au centre d'un demi-orbe
formé de soixante-trois éléphants de bataille tout chargés de
sowaris et de guerriers d'élite, que suivait, de tous côtés, là
30   bas, là-bas l'immense vision d'un enveloppement d'armées,
apparut l'éléphant noir, aux défenses dorées, d'Akëdysséril.
      A cet aspect, la ville entière, jusque-là muette et saisie à la
fois d'orgueil et d'épouvante, exhala son convulsif transport
en une tonnante acclamation; des millions de palmes, agitées,
35   s'élevèrent; ce fut une enthousiaste furie de joie.
                      d'AKEDYSSERIL.

    Le cercle d'indifférents accru, leur jet visuel, curieusement sur qui
s'exprimait ainsi même par coeur et raturant dans vos yeux de mentales
épreuves, l'impression restait, au ramas, d'un extatique ou d'un halluciné et, à
part cette profanation, la jouissance goûtée par l'admis s'avivait de

---

Var : l. 1 : froissée : or voici L et RA: froissée, [à nos soins comme de savants, autour d'un papyrus de
    sarcophage, et] or voici MS
Var : l. 39 : raturant dans vos yeux de mentales épreuves L et RA: raturant [dans vos yeux [*ajouté en
    interligne]] de mentales épreuves dans les yeux de son auditeur MS
Var : l. 39 : au ramas L et RA: [à ce groupe de passage] au ramas MS
Var : ll. 39-40 : à part L et RA: [n'était] à part MS

l'incompréhension de tous, à mesure que resplendissait, en rapport avec la
majesté de la veillée, dans ce café, l'entretien : tard, si l'on sortait, ou je dirai tôt,
à deux le labyrinthe nocturne imitait la sinuosité de quelque digression pas prête
à conclure. Narquois et inquiet à une façon de départ, avant qu'à tout jamais
5   dans cette nuit qui, en effet, devenait, particulièrement, large et hautaine, le
vieux, le terrible mystère - "de l'Infini, enfin!" fût percé à jour, "comme une
passoire" affirmait-il: "ou" je reprenais "le morion d'un des tiens roulé en un
coin du manoir; y sommes-nous arrêtés?"

      Seul, comme au seuil, il hésitait, longtemps, à s'avouer que le jour n'avait
10   pas été celui qu'il savait, en célébrant les funérailles, en lui, avant de partir.
Tandis qu'un miroitement aux carreaux refroidis des maisons montrait que ce
serait, peut-être, demain. - Lequel? ce jour - l'unique, des réalisations; qu'il ne
voulut jamais, que dans l'esprit.

      Ou c'était de loin, encore, des phrases jetées que cependant on lit : car le
15   châtelain fiscal et péager récoltait tout dans le manque d'escarcelle.

      Si l'on s'évadait (je cite :)

      -«Oui, c'est la mystérieuse loi!... il est des êtres ainsi
constitués que, même au milieu des flots de lumière, ils ne
peuvent cesser d'être obscurs. Ce sont les âmes épaisses et
20   profanatrices, vêtues de hasard et d'apparences, et qui passent,
murées, dans le sépulcre de leurs sens mortels.»
                    dans TRIBULAT BONHOMMET.

      Ainsi finissait cette journée, pour recommencer telle et voilà que je vous
présentai, au lieu de vie, une ou chaque; de quels éclairs révélée, immortels.

25   Pourquoi dernièrement à ce bizarre qui, dans notre siècle, émit, aux ans de
sa jeunesse, la définition de la gloire "ou idée que de soi on garde dans sa
poitrine", l'opinion fit-elle des obsèques retentissantes? lui, répondrait, peut-être
"de contentement que ce soit bien fini, cette fois, et parce qu'on n'aura plus à me
revoir" même confusément comme promeneur; mais je relève là un faux
30   jugement.

      Toujours le canon des Premier-Paris salua-t-il, et la mousqueterie inférieure
dure, par intervalles. Même du loin et de localités incertaines, comme aux Indes,
aux Amériques, je compulse les entrefilets, universels, qui sont transmis. Tant
que je ne me rappelle, Hugo à part, de deuil littéraire mené aussi bruyamment.
35   Le personnage tutoyé et fugace que tout de suite je dessinai un peu, de profil, de
dos, aisément et tel qu'il se livra à ses dissemblables, parmi ceux qui font des
Lettres leur profession, certes, devait (en temps de vacances parlementaires)
inciter le reportage: que d'anas! et d'irrespect et de mots de la fin fournis!

Var : l. 1 : l'incompréhension Le et RA: de [cette] l'incompréhension [profanatrice] MS
Var : l. 4 : une façon L et RA: une [velléité] façon MS
Var : l. 4 : qu'à tout jamais L et RA: [que, décidément] qu'à tout jamais MS
Var : l. 25 : ce bizarre L et RA: ce [seul] [solitaire d'esprit] [fuyant] fugace MS
Var : l. 32 : comme aux Indes L: telles aux Indes RA
Var : l. 38 : inciter L et RA: [défrayer] inciter MS
Var : l. 38 : fournis L et RA: [tout] fournis MS

Oui, mais autre chose, aussi : incontestablement, je le dis à l'honneur de la
Géante porte-réclames en temps communs plutôt hostile à ceux dont elle ne tire
agrément, ou qui se refusent, éclata, dans la Presse, un sentiment simple, à quoi
nous assistâmes, quelques-uns qui avions souci de cette renommée. Le frisson
5   d'une disparition y courut. Rien ne fit, et n'arrêta; tant! que quelques serviteurs
avisés par précaution devant la postérité disputèrent qui marquer, comme
correctif, ceci, que peut-être, il y avait - *emballement*. La belle et vaste
personnne ne voulut rien entendre, il fallait épuiser la louange. Que ne dit-on
pas? ignorant du tout au tout l'astre sombré, un journal, en province, dans le
10   premier affolement, fit preuve de quelque art divinatoire, en publiant que
pareille émotion se produisait "parce que le parti républicain avait perdu un de
ses plus fermes soutiens".

Cela me touche, et la gaucherie, charmante, brusque, très moderne; je ne
saurais préciser le motif : à cause, sans doute, d'une grande bonne volonté tout à
15   coup dans le panégyrique hâtif.

De plénières, vraies, appréciations, furent, en tête, publiées, par les feuilles
à qui Villiers avait apporté sa difficile collaboration. Tout hormis l'oeuvre, se
résume en deux dates, triomphale l'une, l'autre néfaste, où tient la figure idéale
de l'homme, je veux dire l'arrivée de Philippe-Auguste Mathias comte de
20   Villiers de l'Isle-Adam, à Paris, vers 1863; et cette fin, août 1889.

Var : l. 8 : entendre L et RA: entendre, [le branle y était; l'impression, ressentie] MS
Var : l. 8 : épuiser L et RA: épuiser [jusqu'au terme] MS
Var : l. 13 : Cela L et RA: Tout cela MS
Var : l. 15 : le panégyrique hâtif L et RA: [cette apothéose] hâtive MS
Var : l. 16 : De plénières L et RA: De [presque] plénières MS

II

Nul, que je me rappelle, ne fut par un vent d'illusion, engouffré dans les plis
visibles tombant de son geste ouvert qui signifiait : "Me voici", avec une
impulsion aussi véhémente et surnaturelle, poussé, que jadis cet adolescent; ou
ne connut à ce moment de la jeunesse dans lequel fulgure le destin entier, non le
5   sien, mais celui possible de l'Homme! la scintillation mentale qui désigne le
buste à jamais du diamant d'un ordre solitaire, ne serait-ce qu'en raison du
regard abdiqué par la conscience des autres. Je ne sais pas mais je crois, en
réveillant ces souvenirs de primes années, que vraiment l'arrivée fut
extraordinaire, ou que nous étions bien fous! les deux peut-être et me plais à
10   l'affirmer. Il agitait aussi des drapeaux de victoire très anciens, ou futurs, ceux-
là mêmes qui laissent de l'oubli des piliers choir leur flamme amortie brûlant
encore : je jure que nous les vîmes.
Ce qu'il voulait, ce survenu, en effet, je pense sérieusement que c'était :
régner. Ne s'avisa-t-il pas, les gazettes indiquant la vacance d'un trône, celui de
15   Grèce, incontinent d'y faire valoir ses droits, en vertu de suzerainetés
ancestoriales, aux Tuileries : réponse, qu'il repassât, le cas échéant, une minute
auparavant on en avait disposé. La légende vraisemblable, ne fut jamais, par
l'intéressé, démentie. Aussi ce candidat à toute majesté survivante, d'abord élut-
il domicile, chez les poëtes; cette fois, décidé, il le disait, assagi, clairvoyant
20   "avec l'ambition - d'ajouter à l'illustration de ma race la seule gloire vraiment
noble de nos temps, celle *d'un grand écrivain*". La devise est restée.
Quel rapport pouvait-il y avoir, entre des marches doctes au souffle de
chesnaies près le bruit de mer; ou que la solitude ramenée à soi-même sous le
calme nobiliaire et provincial de quelque hôtel désert de l'antique Saint-Brieuc,
25   se concentrât pour en surgir, en tant que silence tonnant des orgues dans la
retraite de mainte abbaye consultée par une juvénile science et, cette fois, un
groupe, en plein Paris perdu, de plusieurs bacheliers eux-mêmes intuitifs à se
rejoindre, au milieu de qui exactement tomba le jeune Philippe-Auguste Mathias
de si prodigieux nom. Rien ne troublera, pour moi, ni dans l'esprit de plusieurs,

Var : l. 2 : visibles L RA VP et D: mystérieux AM: [mystérieux] visibles MS
Var : l. 4 : dans lequel L RA VP et D: où par elle AM
Var : l. 5 : désigne L RA VP et D: dote AM
Var : l. 7 : du regard abdiqué L RA VP et AM: de regards abdiqués D
Var : l. 10 : victoire L RA VP et D: victoires AM
Var : l. 14 : les gazettes L RA VP D et AM: les [journaux ou] gazettes MS
Var : l. 14 : indiquant L RA VP et D: lui indiquant AM
Var : ll. 18-19 : d'abord élut-il domicile L RA VP et D: élut-il d'abord son domicile AM
Var : l. 19 : assagi, clairvoyant L RA VP et D: assagi et clairvoyant AM
Var : l. 21 : restée L RA VP D et AM: restée [et c'est ainsi que quotidiennement, déconcertée devant ses
        inventions, où le style domine indubitable, le désigne l'opinion] MS
Var : l. 24 : Saint-Brieuc L RA VP et D: Saint-Brieuc, [battu des flots] MS
Var : l. 26 : mainte abbaye L RA VP et D: [quelque] mainte abbaye MS
Var : l. 29 : pour moi L RA et VP: chez moi D

hommes aujourd'hui, dispersés, la vision de l'arrivant. Eclair, oui, cette réminiscence restera dans la mémoire de chacun, n'est-ce pas, les assistants? François Coppée, Dierx, Hérédia, Paul Verlaine rappelez-vous! et Catulle Mendès.

5   Un génie! nous le comprîmes tel.

Dans ce touchant conclave qui, au début de chaque génération, pour entretenir à tout le moins un reflet du saint éclat, assemble des jeunes gens, en cas qu'un d'eux se décèle l'élu; on le sentit tout de suite là présent, tous subissant la même commotion.

10   Je le revois.

Ses aïeux, étaient dans le rejet par un mouvement à sa tête habituel, en arrière, dans le passé, d'une vaste chevelure cendrée indécise, avec un air de : "Qu'ils y restent, je saurai faire, quoique cela soit plus difficile maintenant"; et nous ne doutions pas que son oeil bleu pâle emprunté à des cieux autres que les

15   vulgaires ne se fixât sur l'exploit philosophique prochain, de nous irrêvé.

Certainement, il surprit ce groupe où, non sans raison, comme parmi ses congénères il avait atterri d'autant mieux, qu'à de hauts noms, comme Rodolphe-le-Bel, seigneur de Villiers et de Dormans, 1067, le fondateur - Raoul, sire de Villiers-le-Bel, en 1146, Jean de Villiers, mari en 1324 de Marie de

20   l'Isle, et leur fils, Pierre Ier qui, la famille éteinte des seigneurs de l'Isle-Adam, est le premier Villiers de l'Isle-Adam - Jean de Villiers, petit-fils, maréchal de France qui se fit héroïquement massacrer, ici même, à Bruges, en 1437, pour le duc de Bourgogne - enfin le premier des grands-maîtres de Malte proprement dits par cela qu'il fut le dernier des grands-maîtres de Rhodes, le vaincu

25   valeureux de Soliman, du fait de Charles-Quint restauré, Philippe de Villiers de l'Isle-Adam, honneur des chevaliers de Saint-Jean de Jérusalem (la sonorité se fait plus générale); à tant d'échos, après tout qui somnolent dans les traités ou les généalogies, le dernier descendant vite mêlait d'autres noms qui pour nous, artistes unis dans une tentative restreinte, je vais dire laquelle, comportaient

30   peut-être un égal lointain, encore qu'ils fussent plutôt de notre monde : Saint-Bernard, Kant, le Thomas de la Somme, principalement un désigné par lui le

---

Var : l. 1 : plusieurs, hommes aujourd'hui, dispersés L RA: plusieurs hommes, aujourd'hui dispersés, VP et D [*faute d'impression probable*]: plusieurs hommes, aujourd'hui [lassés], dispersés, [fidèles] MS

Var : l. 2 : restera dans L RA et VP: brillera selon D

Var : l. 2 : les assistants L RA et VP: des assistants D: les [assistants] [présents] assistants MS

Var : l. 6 : ce touchant conclave L RA VP et AM: ce conclave D [*l'omission de 'touchant' dans D est peut-être une faute d'impression*]

Var : l. 6 : au début de chaque génération L RA VP et AM: aux débuts d'une génération D

Var : ll. 6-7 : pour entretenir L RA et VP: en vue d'entretenir D

Var : l. 7 : un reflet du saint éclat L RA VP et D: un reflet de la divine flamme AM: un reflet [de la sainte flamme] du sourd éclat MS

Var : l. 8 : là présent L RA VP et AM: présent D

Var : ll. 14-15 : les vulgaires L RA VP et D: les visibles AM

Var : l. 15 : l'exploit philosophique L RA VP et D: l'exploit idéal AM

Var : l. 18 : Rodolphe-le-Bel L RA VP et D: Rudolphe-le-Bel MS

Var : l. 22 : massacrer, ici même, à Bruges, en 1437 L RA et VP: massacrer, en 1437, à Bruges D

Titan de l'Esprit Humain, Hégel, dont le singulier lecteur semblait aussi se revendiquer, entre autres cartes de visite ou lettres de présentation, ayant compulsé leurs tomes en ces retraites qu'avec une entente de l'existence moderne il multipliait, au seuil de ses jours, dans des monastères, Solesmes, la
5   Trappe et quelques-uns imaginaires pour que la solitude y fût complète (parce qu'entré dans la lutte et la production, il n'y a plus à apprendre qu'à ses dépens, la vie). Il lut considérablement, une fois pour toutes et les ans à venir, notamment tout ce qui avait trait à la grandeur éventuelle de l'Homme, soit en l'histoire, soit interne, voire dans le doute ici d'une réalisation - autre part, du
10   fait des promesses, selon la religion : car il était prudent.

Nous, par une velléité différente, étions groupés : simplement resserrer une bonne fois, avant de le léguer au temps, en condition excellente, avec l'accord voulu et définitif, un vieil instrument parfois faussé, le vers français, et plusieurs se montrèrent dans ce travail d'experts luthiers.

15   A l'enseigne un peu rouillée maintenant du *Parnasse Contemporain*, traditionnelle, le vent l'a décrochée, d'où soufflé? nul ne le peut dire, indiscutable; la vieille métrique française (je n'ose ajouter, la poésie) subit, à l'instant qu'il est, une crise merveilleuse, ignorée dans aucune époque, chez aucune nation, où parmi les plus zélés remaniements de tous genres jamais on ne
20   touche à la prosodie. Toutefois la précaution parnassienne ne reste pas oiseuse : elle fournit le point de repère entre la refonte, toute d'audace, romantique et la liberté; et marque (avant que ne se dissolve, en quelque chose d'identique au clavier primitif de la parole, la versification), un jeu officiel ou soumis au rythme fixe.

25   Ces visées étaient d'un intérêt moindre pour un prince intellectuel du fond d'une lande ou de brumes, et de sa réflexion, surgi, afin de dominer par quelque moyen et d'attribuer à sa famille, qui avait attendu au delà des temps, une souveraineté récente quasi mystique - pesait peu dans cette frêle main, creuset de vérités dont l'effusion devait illuminer - ne signifiait guères, sauf la

---

Var : ll. 31-1.1 p. 13 : principalement un désigné par lui le Titan L RA VP et D: principalement un, [à qui s'accotait, dans des allusions voilées], le terme de Titan MS

Var : l. 1 : lecteur L RA VP et D: [confrère] lecteur MS

Var : l. 3 : tomes L RA VP et D: [folios] tomes MS

Var : l. 3 : une entente L RA VP et D: une entente [vraiment sûre] MS

Var : ll. 5-6 : parce qu'entré L RA VP et D: sachant qu'[une fois] entré MS

Var : l. 9 : l'histoire (...) une réalisation L RA VP et D: l'histoire soit [intellectuelle] interne, voire dans [l'éventualité d'un manque] le doute ici d'une réalisation [mentale ou terrestre] MS

Var : l. 12 : le léguer au temps L RA VP et D: le léguer [à l'avenir] au temps MS

Var : l. 16 : traditionnelle L RA VP et D: traditionnelle [et vieillotte] MS

Var : l. 22 : la liberté L RA VP et D: la liberté [nouvelle] MS

Var : l. 22 : marque L RA VP et D: [indique] marque MS

Var : l. 25 : ces visées étaient d'un intérêt moindre L RA et VP: Souci qui moindre D

Var : l. 26 : de brumes L et RA: des brumes VP et D

Var : l. 26 : de sa réflexion, surgi L RA et VP: de la réflexion surgi D

Var : l. 27 : moyen L RA VP et D: moyen [ignoré] MS

Var : l. 27 : qui avait attendu L RA et VP: ayant attendu D

Var : l. 28 : souveraineté récente L RA VP et D: souveraineté [nouvelle] récente MS

Var : l. 28 : cette frêle main L RA et VP: une frêle main D

particularité peut-être que ces étudiants en rareté professaient, le vers n'étant
autre qu'un mot parfait, vaste, natif, une adoration pour la vertu des mots : celle-
ci ne pouvait être étrangère à qui venait conquérir tout avec un mot, son nom,
autour duquel déjà il voyait, à vrai dire, matériellement, se rallumer le lustre,
aujourd'hui discernable pour notre seul esprit. Le culte du vocable que le
prosateur allait tant, et plus que personne, solenniser (et lequel n'est en dehors
de toute doctrine, que la glorification de l'intimité même de la race, en sa fleur,
le parler) serra tout de suite un lien entre les quelques-uns et lui : non que
Villiers dédaignât le déploiement du mot en vers, il gardait dans quelque malle,
avec la plaque de Malte, parmi les engins de captation du monde moderne, un
recueil de poésies, visionnaire déjà, dont il trouva séant de ne point souffler,
parmi ces émailleurs et graveurs sur gemmes, préférant se rendre compte à la
dérobée, attitude qui chez un débutant dénote du caractère. Même après un laps
il fit lapidaire son enthousiasme et paya la bienvenue, parmi nous, avec des
lieds ou chants brefs.

L'AVEU

J'ai perdu la forêt, la plaine
Et les frais avrils d'autrefois...
Donne tes lèvres : leur haleine,
Ce sera le souffle des bois!

J'ai perdu l'Océan morose,
Son deuil, ses vagues, ses échos;
Dis-moi n'importe quelle chose:
Ce sera la rumeur des flots.

Lourd d'une tristesse royale
Mon front songe aux soleils enfuis...
Oh! cache-moi dans ton sein pâle!
Ce sera le calme des nuits!

Var : l. 1 : ces étudiants en rareté professaient L RA et VP: nous professâmes D
Var : l. 2 : parfait, vaste, natif L RA VP et D: parfait, ample, sublime MS
Var : l. 5 : Le culte L RA VP et D: Ce culte MS
Var : l. 11 : visionnaire déjà, dont il trouva séant L RA VP et D: visionnaire déjà, [et sublime], dont il
      jugea séant MS
Var : l. 13 : dérobée L RA VP et D: dérobée [de leur procédé] MS

RENCONTRE

Tu secouais ton noir flambeau;
Tu ne pensais pas être morte;
J'ai forgé la grille et la porte
5   Et mon coeur est sûr du tombeau.

Je ne sais quelle flamme encore
Brûlait dans ton sein meurtrier,
Je ne pouvais m'en soucier:
Tu m'as fait rire de l'aurore.

10   Tu crois au retour sur les pas?
Que les seuls sens font les ivresses?...
Or, je bâillais en tes caresses:
Tu ne ressusciteras pas.

LES PRESENTS

15   Si tu me parles, quelque soir,
Du secret de mon coeur malade,
Je te dirai, pour t'émouvoir,
Une très ancienne ballade.

Si tu me parles de tourment,
20   D'espérance désabusée,
J'irai te cueillir, seulement,
Des roses pleines de rosée.

Si, pareille à la fleur des morts
Qui se plaît dans l'exil des tombes,
25   Tu veux partager mes remords...
Je t'apporterai des colombes.

Ils me reviennent d'autrefois, très neufs, ces motifs : vous les écoutez, et
leur mélodique doigté sûr : avec discrétion montrée, quelle marque d'une
aptitude au vers, n'était le despotisme d'autres ambitions !

Le sombre accompagnement que feraient ces lignes de Poe, le seul homme
5   avec qui Villiers de l'Isle-Adam accepte une parité, son altier cousin; peut-être
les récita-t-il pour sa part. "Des événements situés en dehors de toute maîtrise
m'ont empêché de faire à aucune époque aucun effort sérieux dans un champ
qui, en des circonstances plus heureuses, aurait été celui de mon choix. Pour
moi, la poésie n'a pas été un but qu'on se propose, mais une passion; et il faut
10   traiter les passions avec le plus grand respect; elles ne doivent pas, elles ne
peuvent pas être suscitées à volonté, dans l'espoir des pauvres
dédommagements, ou des louanges plus pauvres encore de l'humanité."

Ainsi il vint, c'était tout, pour lui; pour nous, la surprise même - et toujours,
des ans, tant que traîna le simulacre de sa vie, et des ans, jusqu'aux précaires
15   récents derniers, quand chez l'un de nous, le timbre de la porte d'entrée suscitait
l'attention par quelque son pur, obstiné, fatidique comme d'une heure absente
aux cadrans, et qui voulait demeurer, invariablement se répétait pour les amis
anciens eux-mêmes vieillis, et malgré la fatigue à présent du visiteur, lassé,
cassé, cette obsession de l'arrivée d'autrefois.
20   Villiers de l'Isle-Adam se montrait.

Toujours, il apportait une fête, et le savait; et maintenant ce devenait plus
beau peut-être, plus humblement beau, ou poignant, cette irruption, des antiques
temps, incessamment ressassée, que la première en réalité; malgré que le
mystère par lui quitté jadis, la vague ruine à demi écroulée sur un sol de foi s'y
25   fût à tout jamais tassée, or, on se doutait entre soi d'autres secrets pas moins
noirs, ni sinistres, et de tout ce qui assaillait le désespéré seigneur
perpétuellement échappé au tourment. La munificence, dont il payait le refuge !
aussitôt dépouillée l'intempérie du dehors ainsi qu'un rude pardessus :
l'allégresse de reparaître lui, très correct et presque élégant nonobstant des
30   difficultés, et de se mirer en la certitude que dans le logis, comme en plusieurs,
sans préoccupation de dates, du jour, fût-ce de l'an, on l'attendait - il faut l'avoir
ouï six heures durant quelquefois ! Il se sentait en retard et pour éviter les
explications, trouvait des raccourcis éloquents, des bonds de pensée et de tels
sursauts; qui inquiétaient le lieu cordial. A mesure que dans le corps à corps
35   avec la contrariété s'amoindrissait, dans l'aspect de l'homme devenu chétif,
quelque trait saillant de l'apparition de jeunesse, à quoi il ne voulut jamais être

---

Var : l. 5 : accepte L et RA: [accuse] accepte MS
Var : l. 15 : le timbre L RA et VP: l'appel D
Var : l. 16 : fatidique L RA VP et D: solennel AM
Var : l. 16 : une heure absente L RA VP et D: une heure fatidique absente AM
Var : ll. 18-19 : lassé, cassé L RA VP et D: cassé, lassé AM
Var : l. 22 : irruption L RA VP et D: apparition AM
Var : l. 24 : un sol de foi L RA VP et D: un sol de feu AM [*faute d'impression probable*]: un sol de foi
       [éternelle] MS
Var : l. 26 : sinistres L RA VP D et AM: [affreux] sinistres MS
Var : l. 27 : au tourment L RA VP et D: à l'abîme AM
Var : l. 33 : les explications L RA VP et D: des explications lointaines AM
Var : l. 35 : dans l'aspect L RA VP et D: en l'aspect AM

inférieur, il le centuplait par son jeu, de douloureux sous-entendus; et signifiait pour ceux auxquels pas une inflexion de cette voix, et même le silence ne restait étranger : "J'avais raison, jadis, de me produire ainsi, dans l'exagération causée peut-être par l'agrandissement de vos yeux ordinaires, certes, d'un roi spirituel,
5 ou de qui ne doit pas être; ne fût-ce que pour vous en donner l'idée. Histrion véridique, je le fus de moi-même! de celui que nul n'atteint en soi, excepté à des moments de foudre et alors on l'expie de sa durée, comme déjà; et vous voyez bien que cela est (dont vous sentîtes par moi l'impression, puisque me voici conscient et que je m'exprime maintenant en le même langage qui sert, chez
10 autrui, à se duper, à converser, à se saluer) et dorénavant le percevrez, comme si, sous chacun de mes termes, l'or convoité et tu à l'envers de toute loquacité humaine, à présent ici s'en dissolvait, irradié, dans une véracité de trompettes inextinguibles pour leur supérieure fanfare."
     Il se taisait; merci, Toi, maintenant d'avoir parlé, on comprend.
15   Minuits avec indifférence jetés dans cette veillée mortuaire d'un homme debout auprès de lui-même, le temps s'annulait, ces soirs; il l'écartait d'un geste, ainsi qu'à mesure son intarissable parole, comme on efface, quand cela a servi; et dans ce manque de sonnerie d'instant perçue à de réelles horloges, il paraissait
- toute la lucidité de cet esprit suprêmement net, même dans des délibérations
20 peu communes, sur quelque chose de mystérieux fixée comme serait l'évanouissement tardif, jusqu'à l'espace élargi, du timbre annonciateur, lequel avait fait dire à l'hôte "C'est Villiers" quand, affaiblie, une millième fois se répétait son arrivée de jadis - discuter anxieusement avec lui-même un point, énigmatique et dernier, pourtant à ses yeux clair. Une question d'heure, en
25 effet, étrange et de grand intérêt mais qu'ont occasion de se poser peu d'hommes ici-bas, à savoir que peut-être lui ne serait point venu à la sienne, pour que le conflit fût tel. Si! à considérer l'Histoire il avait été ponctuel, devant l'assignation du sort, nullement intempestif, ni répréhensible : car ce n'est pas contemporainement à une époque, aucunement, que doivent, pour exalter le sens
30 advenir ceux que leur destin chargea d'en être à nu l'expression; ils sont projetés maint siècle au delà, stupéfaits, à témoigner de ce qui, normal à l'instant même,

Var : l. 5 : ordinaires, certes, d'un roi L RA VP et D: ordinaires, amis d'un roi AM [*Il s'agit peut-être d'une faute d'impression*]
Var : ll. 5-6 : Histrion véridique L RA VP et D: Histrion véridique, oui AM
Var : l. 8 : sentîtes L RA VP et D: eûtes AM
Var : l. 10 : le percevrez L RA VP et D: vous le percevrez AM
Var : l. 13 : pour L RA VP et D: et AM
Var : l. 14 : on comprend L RA VP et D: je comprends AM
Var : l. 15 : Minuits L RA VP et D: Minuits réels AM
Var : l. 16 : auprès de lui-même L RA VP et D: auprès de soi AM
Var : l. 18 : d'instant L RA VP et D: d'instants AM
Var : l. 18 : réelles L RA VP et D: authentiques AM: [authentiques] réelles MS
Var : l. 21 : jusqu'à l'espace L RA VP et D: maintenant jusqu'à l'espace AM
Var : l. 26 : lui ne serait point venu L RA VP et D: ne serait-il point venu AM
Var : l. 29 : aucunement L RA VP et D: du tout AM
Var : l. 29 : exalter le sens L RA VP et D: en exalter le sens AM
Var : l. 30 : advenir L RA VP et D: survenir AM
Var : ll. 30-31 : ils sont projetés maint siècle L RA et VP: ils sont projetés maints siècles D: et sont projetés à des siècles AM
Var : l. 31 : stupéfaits, à témoigner de ce qui, normal L RA VP et AM: stupéfaits, à témoigner ce qui, normal D: stupéfaits, [oui] [pour] à [nostalgiquement] témoigner de ce qui, [admirable] normal MS

vit tard magnifiquement par le regret, et trouvera dans l'exil de leur nostalgique esprit tourné vers le passé, sa vision pure.

III

Attestateur du désastre qui suivra, je me demande vis-à-vis de cet afflux de splendeur en dedans, le plus grand qui fut chez un être, indéniablement que des circonstances préparaient, hérédité, éducation par soi et les grèves, un nom à lancer aussi haut que sa pensée, si Villiers de l'Isle-Adam ne resta pas, comme
5 intérieurement et à jamais, consumé par cette jeunesse qui fut son coup de foudre pour lui-même; encore je me demande cela et me demanderai, bientôt d'autres choses car voici de l'inattendu... - "Vous savez, Villiers va mal." - "Un rhume! - "Plus!" s'aborda-t-on. Voici l'invasion, brusquée, il semble, du tragique, tant sa vie dans des redites d'ennuis, s'était essoufflée, et usée, ou
10 supprimée : à cinquante-deux ans gît là comme un fort ancien vieillard, dénué d'âge, ayant beaucoup bataillé, l'homme qui n'a pas été, que dans ses rêves. Tant de ferveur, le quart d'un siècle rallumée, avec une obstination que je nomme fidélité, tant de suggestions ou de voeux - et ses écrits par la détresse, qui en vient à faire partie de soi, ravis comme des lambeaux, sans que cesse de
15 les ordonner un concept original, mais à quoi dans ces détachés de toute rumeur derniers moments il ne prêtait plus qu'une distraite fierté, traitant cela de "devoir francais" comme au collège, parce qu'il sentait bien n'avoir pas dompté l'esprit du temps, leur gardant, à ces reliques, une secrète rancune que des événements lui en eussent imposé le hasard! - tant de bravoure; et ne survit que ce visage
20 émacié de moribond avec angoisse recherchant en soi la personnification d'un des types humains absolus. Quoi! l'existence avait-elle à ce point glissé entre ses doigts, que lui-même n'en pût nettement remarquer aucune trace; avait-il été joué, était-ce cela? aussi l'invincible espoir fréquenta encore son chevet. Consommation, que sais-je? désordre du coeur, mais on oublie un certain virus
25 laissé par la rage d'avoir semblé superflu à son temps; et c'est, adossé aux oreillers du malade, dans le regard, comme une interdiction, à ce qui de lui déjà était en allé et que retrouvaient les yeux, de juger inéquitablement le spectre gisant là des premières espérances : avec la reconstitution de l'intime fierté devant une évidence que tout ce qu'il y avait de possible, dans le milieu, il le
30 tenta et que donc sa vie si disséminée, omise presque, existe! Il discutait son cas, se livrait à des règlements de compte particuliers avec le ciel : "Ce ne serait pas juste!" puis un soupir. - "Tu assistes" je note la visitation funèbre du regret

---

Var : l. 3 : éducation L et RA: éducation sauvage AM
Var : l. 4 : aussi haut que sa pensée L et RA: haut comme sa pensée AM
Var : ll. 4-5 : comme intérieurement L et RA: intérieurement AM
Var : l. 8 : Un rhume L et RA: Bah! un rhume AM
Var : l. 10 : à cinquante-deux ans L et RA: maintenant AM
Var : l. 14 : ravis L et RA: [ravis] distraits MS
Var : l. 18 : reliques L et RA: [écrits] reliques MS
Var : l. 22 : nettement remarquer L et RA: nettement [désigner] [percevoir] remarquer MS
Var : l. 30 : si disséminée, omise presque L RA et AM: si disséminée, [absente, selon notre condoléance] omise MS
Var : l. 30 : existe L et RA: existait AM

"sache-le" continuait sa face au crépuscule qui retombait dans la propreté de rideaux blancs "à un litige, entre Dieu et moi" : ou, un matin, affolé, et comme instruit, par quelque sagace cauchemar, que grâce ne serait pas faite : "J'ai trouvé, dans la nuit, deux blasphèmes ou trois..." mais il n'achevait pas, filial;
5   soit qu'il les tînt pour le moment opportun.

Plaisamment on a conté que de tous temps ses élans vers une ardue théologie correspondaient au souhait de rencontrer au delà plus d'hilare acuité : parfois je songe qu'un impartial recenseur eût noté, dans cet esprit, avec vraisemblance, le désir inverse; ou, Villers se délectait autant, malgré de
10 l'aptitude, que la plaisanterie fît long feu, satisfait par quelque impéritie de sa stridence à enfreindre le catéchisme du bas âge.

Antagonisme net aux mois d'agonie; récurrences... Le vice de ce métaphysicien est qu'il ne sut point séparer, même aux jours de sa vigueur, l'alliage historique, lui, le contempteur, aveuglé contre le réel! par exemple de
15 l'élément poétique exact; ni sa noblesse, en effet, armoriée, de l'autre incomparable domination, du fait d'avoir des pensées à soi seul - pas plus que des amoncellements d'éclats dans son désir, il ne proscrivit les monnaies (je sais qu'elles étaient à l'effigie de rois innommés ou que s'y effaçait le profil d'impératrices vierges d'avoir été en le recul d'aucun âge, mais encore des
20 pièces bonnes à trafiquer et mentir) : il ne discerna de l'or, effulgence consolatrice peut-être en la privation, le trésor, le vrai, ineffable et mythique, aux spéculations interdit si ce n'est pensives. Sans que fût permis à personne de réparer davantage; et c'était presque piété que le laisser, maintenant, à l'abri de l'insulte finale de la misère, achever avec recueillement de clore sa destinée.
25 Avec une révolte parfois mais plus d'humilité, car le fasciné de richesses avait à la fin compris que l'état, en toute justice, de l'homme littéraire, ayant le reste, est la pauvreté, il aimait à en retrouver l'aspect dans la décence d'une maison hospitalière religieuse où les sollicites l'avaient transféré : il y feignait aussi de s'étonner, pour avoir un droit à sourire, que vaincu, il ne fût pas haï, en sa
30 qualité d'exception.

Alors tout l'appareil de vindicte social, qui avait failli se déchaîner d'abord y compris la famine, écarté - ce fut permis de songer, à l'unisson peut-être avec le malade, pendant que par la fenêtre ouverte sur un dernier jardin, pénétraient,

---

Var : l. 8 : parfois L et RA: aussi parfois MS

Var : ll. 9-10 : se délectait (...) long feu L et RA: se plaisait également à voir, malgré [des dons spéciaux] son attitude [que] la plaisanterie [fît] faire long feu MS

Var : l. 10 : impéritie L et RA: [impuissance] impéritie

Var : l. 12 : aux mois L et RA: aux [longs] mois MS

Var : l. 12 : Le vice L et RA: Le vice unique MS

Var : l. 13 : sa vigueur L et RA: sa [belle] vigueur MS

Var : l. 17 : des amoncellements d'éclats dans son désir L et RA: [dans les] des amoncellements [de] dans son désir MS

Var : l. 21 : en la privation L: en sa privation RA: [parmi les temps de privation] en sa privation MS

Var : l. 21 : ineffable et mythique L et RA: [fabuleux et] ineffable MS

Var : l. 22 : Sans que fût L et RA: Sans [qu'il] que fût MS

Var : l. 28 : les sollicites L et RA: des sollicites MS

Var : l. 31 : l'appareil de vindicte social L et RA: l'appareil social de [vengeance] vindicte MS

au couvent, les fins de jours d'été. Quand rien ne restait à dire entre gens pour qui une trop longue habitude de se comprendre énonce un danger, je repris, pour ma part, une méditation commencée dans une chambre où le mal, quelques mois auparavant, s'était abattu; et le foyer, éteint, ensemble. Injurieux logis et
5 mémorable à cause d'un très vaste et suranné piano (le compositeur de pure prose l'avait acquis au prix de quelques volontaires séances de travail) : sans corde presque, et qui me sembla le taciturne reploiement sépulcral, désormais, de l'aile des rêves, en cet endroit. Le Wagner s'y était tu et aussi maint accompagnement essayé à ceux des vers qu'aimait le maître. Je repris cette
10 songerie, et c'étaient de générales ou primordiales interrogations, que celui-là qui rejetant tout emploi autre que le sien dans le monde, n'avait voulu être rien que ce pourquoi il était né, de toute éternité, indéniablement, selon la complicité, avec son malheur, d'une vocation furieuse, certes, était digne de suggérer.

A savoir. Faut-il donc, est-ce depuis peu décrété, en dépit même de leur
15 venue possible, que de pareils hommes ne soient pas, ou qu'ils mettent une intérieure magnificence... ce qui reste pour eux l'équivalent de ne pas être... et voulussent-ils se trahir ils n'en connaîtraient le moyen... au service du besoin que la masse condescend à avoir de l'art : attendu qu'une nation peut se passer d'art, il serait beau même qu'elle en montrât la franchise, tandis qu'eux ne
20 sauraient négliger leur manie. Sciemment j'allègue une inexactitude : la foule, quand elle aura, en tous les sens de la fureur, exaspéré sa médiocrité, sans jamais revenir à autre chose qu'à du néant central, hurlera vers le poëte, un appel. Ou, pour demander à la trivialité de nos réjouissances cette comparaison, une multitude sous le soir ne constitue pas le spectacle, mais par devant surgie la
25 gerbe multiple et illuminante, en plein ciel, qui représente dans un considérable emblème, son or, sa richesse annuelle et la moisson de ses gains, et conduit à des hauteurs normales l'explosion des regards.

Invitons le détenteur de la splendeur commune, auquel on sera bien forcé de recourir, à la minute dite (et pour l'explication, même humaine, de ce
30 rassemblement) à tirer son feu d'artifice sur la place publique : vit-on jamais qu'il s'y refusa, surtout si la vie, nécessaire, est à ce prix : mais qu'on la lui accorde! Ne le frustrons, vous ni moi, selon je ne sais quel délai de postérité (nos enfants, qu'en savons-nous) et par un jeu sacrilège qui irait jusqu'à spéculer sur l'inviolable sentiment tu en son coeur de spolié digne : "Après tout, je suis
35 content!"

Var : l. 1 : à dire L et RA: à [se] dire MS

Var : l. 2 : énonce L et RA: [contenait] énonce MS

Var : l. 22 : du néant L et RA: [un] du néant MS

Var : l. 21 : un appel L et RA: un appel. [Sa divination attend, encore que peut-être longtemps, cette confession d'une impuissance ou que: total absorptif et le nombre, voilà tout, elle n'est pas la loi. En plus, pour] MS

Var : l. 23 : cette comparaison L et RA: [une] cette comparaison MS

Var : l. 24 : par devant L et RA: par devant elle MS

Var : l. 27 : normales L et RA: [normales] plausibles MS

Var : ll. 30-35 : vit-on (...) content!" L et RA: [Vit-on jamais qu'il s'y refusa, surtout si la vie, nécessaire, est à ce prix: mais qu'on la lui accorde! Ne le frustrons, vous ni moi, sous je ne sais quel prétexte de postérité: nos enfants, qu'en savons-nous? et par un jeu sacrilège qui irait jusqu'à spéculer sur l'inviolable sentiment tu en son coeur de vaincu [tenace] digne: "Après tout, je suis content!"] MS

Pavoisements, lueurs, c'était, cet été, celui de l'Exposition inoubliable pour beaucoup d'ici, à deux pas de l'ébat, et de l'engouement et du bruit : je songeais, devant tant d'abandon, à d'éternelles choses, et depuis j'ai continué, avec la reprise mondaine de la saison.

5   N'est-il de fêtes que publiques : j'en sais de retirées aussi et qu'en l'absence d'aucune célébration par la rue, cortèges, gloires, entrées, un cérémonial, en effet, peu de mise parmi notre étroit décorum ou prudemment relégué aux symphonies, quelqu'un peut toutefois se donner. Grotte de notre intimité! par exemple l'ameublement aujourd'hui se résume, c'est même - et que fait d'autre,
10   sinon plus subtilement, avec rien, que soi, un écrivain comme celui-ci - une quotidienne occupation de rechercher, où qu'ils expirent en le charme et leur désuétude, pour aussitôt mettre, dessus, la main, des bibelots abolis, sans usage quelquefois mais devant qui l'ingéniosité de la femme découvre une appropriation à son décor, et l'on se meuble de chimères, pourvu qu'elles soient
15   tangibles : les morceaux d'étoffes d'Orient placent au mur un vitrage incendié pareil à de la passion, ou l'amortissent en crépuscules doux, et tels que, sans infirmer en rien son goût pour ces symboles, la dame d'aucun salon ne saurait aisément et même tout bas et seule, peut-être par l'esprit les traduire. Sa robe stricte de soie, probablement avec un acier très dur la cuirasse contre le maléfice
20   si elle ne ressent pas jusqu'à l'âme, à de certaines crises d'extinction ou d'avivement du trop riche mobilier, comme un petit orage où s'agite la colère des bibelots, bouderie d'étagères, renfrognements aux encoignures; et la revendication, bizarre, que s'exhale, y flotte à leur luxe analogue, l'atmosphère mentale. Voyez l'usage d'un livre, si par lui se propage le rêve : il met
25   l'intérieure qualité de quiconque habite ces milieux, autrement banals, je le dis et pardon! si n'y éclatent que les entretiens d'une visite ou ceux ordinaires à des *five o'clock*, en rapport avec ce délicieux entourage, qui sinon ment.

Sur la table, autel dressant l'offrande du séjour, cela convient que le volume, je ne dis pas anime incessamment les lèvres, figurées bien dans leur
30   jolie inoccupation par un loisir de bouquet de roses issu de quelque beau vase à côté; mais - soit là - simplement - avec un air de compagnon feuilleté - on ne sait quand - et au besoin - pour que vraisemblablement le tapis où ce coffret spirituel aux cent pages, entr'ouvert, avec intention fut posé, en fasse comme tomber authentiquement ses plis brodés d'arabesques significatives et de
35   monstres.

Ainsi se conjure la susceptibilité d'honnêtes lares, dépositaires d'un sens particulier, ombrageux à toute intrusion, même celle de la maîtresse de céans, si elle n'était pas, au fond de soi, leur égale.

Il exhale, l'in-douze, ceci, par exemple:

40   Un besoin d'adieu les étouffe, et voilà tout. Ils pensent avoir
gagné le droit d'oublier. A peine s'ils daignent voiler parfois,

---

Var : l. 4 : la saison L et RA: la saison, que voici MS
Var : l. 11 : de rechercher L et RA: que de rechercher MS
Var : l. 28 : autel L et RA: autel [mystérieux] MS
Var : l. 38 : égale L et RA: [pareille] égale MS
Var : l. 39 : l'in-douze L et RA: [le livre] l'in-douze MS

sous la pâleur d'un sourire leur indifférence morose. Devenus
d'une clairvoyance inconsolable, ils portent en eux leur
solitude. Ne pouvant plus se laisser décevoir, entre eux et la
foule sociale la misérable comédie est terminée.

5   Aussi dès l'instant conjugal où le Destin les a mis en
présence ils se sont reconnus, d'un regard, et se sont aimés,
sans paroles, de cet irrésistible amour, trésor de la vie. - Oh!
s'exiler en quelque nuptiale demeure, pour sauver du désastre
de leurs jours au moins un automne, une délicieuse échappée
10   de bonheur aux teintes adorablement fanées, une mélancolique
embellie!

HISTOIRES INSOLITES:
dans *la Maison du Bonheur*.

En quelles inflexions d'amour se joue ta voix de colombe
15   Non, - laisse les souvenirs! Ne disparais pas dans les vaines
évidences de la terre; demeure-moi toujours inconnue! Que
sommes-nous dans le passé? Tel rêve de notre désir.

AXEL.

Ecoutez,

20   Vous oubliez qu'après les premières exaltations, la vie
prend des caractères d'intimité où le besoin de s'exprimer
exactement devient inévitable. C'est un instant sacré! Et c'est
l'instant cruel où ceux qui se sont épousés, inattentifs à leurs
paroles, reçoivent le châtiment irréparable du peu de valeur
25   qu'ils ont accordée à la *qualité* du sens réel, unique, enfin, que
ces paroles recevaient de ceux qui les énonçaient. «Plus
d'illusions!» se disent-ils, croyant ainsi, masquer, sous un
sourire trivial, le douloureux mépris qu'ils éprouvent, en
réalité, pour leur sorte d'amours, - et le désespoir qu'ils
30   ressentent de se l'avouer à eux-mêmes.
Car ils ne veulent pas s'apercevoir qu'ils n'ont possédé que
ce qu'ils désiraient. Il leur est impossible de croire que, - hors
la pensée, qui transfigure toute chose - toute chose n'est
qu'illusion ici-bas, et que toute passion, acceptée et conçue
35   dans la seule sensualité, devient bientôt plus amère que la
Mort pour ceux qui s'y sont abandonnés. Regardez au visage
les passants et vous verrez si je m'abuse.

encore de *la Maison du Bonheur*.

Var : l. 38 : encore de *la Maison du Bonheur* L et RA: *Contes cruels: L'Inconnue* MS

Ou c'est

"Tu me demandes si tu n'as jamais pressé dans tes bras que
mon fantôme, conclut la belle rieuse, eh! bien, permets-moi de
te répondre que ta question serait au moins indiscrète et
5   *inconvenante* (c'est le mot, sais-tu)? si elle n'était pas absurde,
car - *cela ne te regarde pas.*"

CONTES CRUELS. *Maryelle*

Quels parfums, subtils, versent, dans leur aparté, à toute raréfaction
adéquates, les phrases...

IV

       Tout cela n'est pas, que ce penseur ait succombé à la poursuite de pensées, magiques, elles le perpétuaient! plutôt à la monotonie, qui verse la fatigue, et à l'écoeurement, pour défendre sa part de solitude, d'employer les facultés archangéliques contre des boxeurs quotidiens, les gens, lui, auparavant qui tira
5   une satisfaction naïve de sa musculature d'athlète! n'importe, tout cela n'est pas, les maux, puisque subis : et que seul maintenant ignore, qui mourut; n'importe!

       Les imaginations furent inouïes et la sépulture qu'avec il se composa pour revendiquer la place hautement, vaut le total sacrifice : le reste est tribut soucieux et d'ensevelisseurs, craignant qu'il n'y ait impiété à changer les affres
10   en gloire prompte.

       Je dis : il faut que rien de cela ne demeure, car ce serait l'irréparable! sauf pour quelques-uns. Les derniers initiés à tant de misère pour tant de noblesse, vous les aurez été. Tout cela, encore, n'est qu'histoire d'extase et de déboire, si belle certes que déjà elle forme, par soi, un sujet, presque à écrire; une
15   exceptionnelle histoire à l'extrémité de quoi est le tombeau. - Mais quel tombeau et le porphyre massif et le clair jade, les jaspures de marbres sous le passage de nues, et des métaux nouveaux : que l'oeuvre de Villiers de l'Isle-Adam; comme pour de pareilles habitations, ceux du dehors en bénéficient et deviennent, ces promeneurs, l'élargissement de l'Ombre qui a choisi de
20   séjourner.

       Je voudrais, et aucune violation à l'égard d'écrits comportant le désarroi de hasards où ils se produisirent, - faire, enfin, voir la plus parfaite symétrie d'âme qui fut jamais, ou cette dualité (l'éloge a cours) d'un songeur et d'un railleur! Je voudrais, seulement, écarter toute trace journalière ou l'interpolation accusée par
25   des combinaisons de librairie; et, quelques minutes, comme resté au seuil, montrer l'architecture une, qui se retrouve en dépit des échafaudages, impeccable dans ses proportions, n'étant, du reste, que l'extériorité d'un concept ou de l'organisation géniale. Oui, cela! et dans un éclair dévorateur de voiles et

---

Var : l. 2 : magiques L et RA: [certes] magiques MS
Var : l. 2 : la fatigue L et RA: la [terrible] fatigue MS
Var : l. 3 : sa part de solitude L: son droit de solitude MS
Var : l. 6 : puisque subis L et RA: puisque c'est subi MS
Var : l. 8 : la place L et RA: [sa] la place MS
Var : l. 9 : impiété L et RA: presque impiété MS
Var : l. 10 : en gloire L et RA: en [une] gloire MS
Var : l. 13 : d'extase L et RA: de rêves MS
Var : l. 15 : exceptionnelle histoire L et RA: histoire glorieuse MS
Var : l. 18 : comme L et RA: c'est comme MS
Var : l. 21 : comportant le désarroi L et RA: qui comportent encore le familier désarroi MS
Var : l. 24 : seulement, écarter toute trace journalière L et RA: [simplement] seulement, écarter toute trace [de journaliers tiraillements] journalière MS
Var : l. 27 : impeccable L et RA: impeccable, sereine MS
Var : l. 27 : d'un concept L et RA: [du] d'un concept MS

des flottaisons fortuites avec, en leur dégagement, le futur, que cette oeuvre; à vous qui la savez, la feuilleterez! tout de suite apparaisse ainsi qu'après les siècles de littérature elle doit persister.

5   Mises à part les PREMIERES POESIES pour ne les suspendre ici que comme la guirlande d'un pubère hommage à Celle, la Muse, pas autre que notre propre âme divinisée! j'observe deux assises imposantes, selon les modes en secret correspondant du Rêve et du Rire.

Vous nommez, avant moi, l'EVE FUTURE et AXEL.

Pamphlet par excellence, l'un qui atteint ce résultat auparavant refusé, de
10   mener l'ironie jusqu'à une page cime, où l'esprit chancelle : car il ignore, s'il ne trouve pas, plutôt fascinant, précieux, qu'abominable, le motif, par rapport à la Femme, dont l'entité suggère l'audace de ce livre... (Un jeune lord mourait que sa maîtresse contînt une imperfection, quelque vulgarité, inaperçue du monde, pas de lui... Edison, par un automate, de sa fabrication, requérant une ingéniosité
, la
15   remplace... lisez, lisons, il le faut, tout à l'heure) - et par exemple, si Hadaly, cette artificielle amante ne charme pas, davantage non, mais autrement, qu'une, issue, au degré simple, de la vie; cela dans un bosquet de parc, à quel moment, éternel, d'un rendez-vous.

Ainsi sa première palpitation de tendresse, d'espérance et
20   d'ineffable amour (*à Lord Ewald*), on la lui avait ravie, extorquée : il la devait à ce vain chef-d'oeuvre inanimé, de l'effrayante ressemblance duquel il avait été la dupe.

Son coeur était confondu, humilié, foudroyé.

Il embrassa d'un coup d'oeil, le ciel et la terre, avec un rire
25   vague, sec, outrageant, qui renvoyait à l'Inconnu l'injure imméritée que l'on avait faite à son âme. Et ceci le remit en pleine possession de lui-même.

Alors il vit s'allumer, tout au fond de son intelligence, une pensée soudaine, plus surprenante encore, à elle seule, que le
30   phénomène de tout à l'heure. C'était qu'en définitive la femme que représentait cette mystérieuse poupée assise à côté de lui, *n'avait jamais trouvé en elle de quoi lui faire éprouver le doux et sublime instant de passion qu'il venait de ressentir.*

L'EVE FUTURE.

Var : l. 1 : en leur dégagement L et RA: en son total dégagement MS
Var : l. 5 : pubère L et RA: [natif] pubère MS
Var : l. 6 : âme divinisée L et RA: âme [et que nous divinisons] divinisée MS
Var : ll. 6-7 : en secret L et RA: [secrètement] en secret MS
Var : l. 9 : refusé L et RA: [dénié] refusé MS
Var : l. 11 : fascinant, précieux L et RA: exquis, [délicieux] [séduisant] [délicieux] fascinant, précieux MS
Var : l. 11 : qu'abominable L et RA: [que monstrueux, blasphématoire] qu'abominable MS
Var : l. 13 : contînt L et RA: [recelât] contînt MS
Var : l. 14 : ingéniosité L et RA: ingéniosité profonde MS
Var : l. 15 : et par exemple L et RA: oui, par exemple MS
Var : l. 18 : éternel L et RA: [ineffable] éternel MS

J'avais de mon office à côté, réduit à une humilité de guide vers un édifice,
mais capable d'en dire les pierres, supprimé ici toute lecture, directe ou autre
que des phrases venues comme alentour; mais la citation, dont vous venez d'ouïr
la merveille, a jailli si spontanément du livre par elle éclairé, que je ne saurais ne
5   pas faire à ma rigueur une parallèle infraction, devant l'autre production
maîtresse, toute de colloques, passion, immortalité et surtout renoncement, hier
même parue, posthume, testament du poëte, AXEL.

(Quatrième partie, scène III; une crypte, où s'accumulent les possibilités
d'être, étouffées en le sommeil d'un trésor, monnaie, joyaux; et la rencontre,
10   entre le pensif jeune homme, au sortir des discussions humaines abstruses à lui
simples, hanté de vivre, et une évadée funeste du froid d'un cloître, Sara.)

AXEL, *d'une voix étrange, très calme et la regardant.*

Sara! je te remercie de t'avoir vue. (*L'attirant entre ses
bras.*) Je suis heureux, ô ma liliale épousée! ma maîtresse!
15   ma vierge! ma vie! je suis heureux que nous soyons ici,
ensemble, pleins de jeunesse et d'espérance, pénétrés d'un
sentiment vraiment immortel, seuls, dominateurs inconnus,
et tout rayonnants de cet or mystérieux, perdus, au fond de
ce manoir, pendant cette effrayante nuit.

20   SARA.

Là-bas, tout nous appelle, Axël, mon unique maître,
mon amour! La jeunesse, la liberté! le vertige de notre
puissance! Et qui sait, de grandes causes à défendre... tous
les rêves à réaliser!
....

25   AXEL, *grave et impénétrable.*

A quoi bon les réaliser?... ils sont si beaux!

Var : l. 1 : réduit L: ici réduit RA
Var : l. 1 : vers un édifice L et RA: devant un édifice MS
Var : l. 2 : dire L et RA: [dénommer] dire MS
Var : l. 2 : ici L: principalement RA
Var : l. 3 : venues comme alentour L et RA: advenues comme alentour [pour compléter un portrait] MS
Var : l. 3 : d'ouïr L et RA: d'[applaudir] ouïr MS
Var : l. 6 : colloques L et RA: colloques [spirituels] MS
Var : l. 7 : testament L et RA: et testament MS
Var : l. 11 : Sara L et RA: Sara [(Ici se révèle l'attitude même psychologique de l'auteur, devant le fait,
      mais je vais vite au passage marqué)] MS

SARA, *surprise un peu, se retourne vers lui*
en le regardant.

Mon bien-aimé, que veux-tu dire?

....

AXEL, *froid, souriant et scandant nettement*
5   *ses paroles.*

Vivre? Non. - Notre existence est remplie, et sa coupe
déborde! Quel sablier comptera les heures de cette nuit!
L'avenir?... Sara, crois-en cette parole : nous venons de
l'épuiser. Toutes les réalités, demain, que seraient-elles, en
10   comparaison des mirages que nous venons de vivre? A quoi
bon monnayer, à l'exemple des lâches humains, nos
anciens frères, cette drachme d'or à l'effigie du rêve - obole
du Styx - qui scintille entre nos mains triomphales!
La qualité de notre espoir ne nous permet plus la terre.
15   Que demander, sinon de pâles reflets de tels instants, à cette
misérable étoile, où s'attarde notre mélancolie? La Terre,
dis-tu? Qu'a t-elle donc jamais réalisé, cette goutte de fange
glacée, dont l'Heure ne sait que mentir au milieu du ciel?
C'est elle, ne le vois-tu pas, qui est devenue l'Illusion!
20   Reconnais-le, Sara : nous avons détruit dans nos étranges
coeurs, l'amour de la vie - et c'est bien en Réalité que nous
sommes devenus nos âmes! Accepter, désormais de vivre
ne serait plus qu'un sacrilège envers nous-mêmes. Vivre?
Les serviteurs feront cela pour nous.

25   Je ferme, entr'ouverts le temps d'y mettre quelque signet magistral, aux
coulantes pierreries comme d'incluses richesses d'ironie et de foi, AXEL et
l'EVE FUTURE; et confie à vos minutes d'élection ces tomes-là, dont un, à
votre choix lequel, moi je ne sais, magnifie l'auteur qui à quelque crise de son
talent l'a conçu : où la conjonction des deux facultés ennemies atteste une
30   intelligence souveraine. Tout le rayon de bibliothèque, chez le lettré qu'occupent
les quelque vingt publications du conteur, se peut promptement dédoubler, en
effet, selon cette indication, pour garder un langage défunt, de lyrisme et de
satire, au fond, la poésie elle-même; et qu'exclusif peut-être en notre littérature,
Villiers de l'Isle-Adam assembla. Les CONTES CRUELS proprement dits, dont
35   j'extrais l'ANNONCIATEUR, formant avec AKEDYSSERIL, un dyptique
légendaire (beauté des phrases, ne me tentez pas) puis les NOUVEAUX

Var : l. 25 : Je ferme L et RA: Aucun commentaire./ Je ferme MS
Var : l. 26 : de foi L et RA: d'extase MS
Var : l. 28 : magnifie L et RA: magnifierait MS
Var : l. 28 : l'auteur L et RA: [l'auteur] [l'écrivain] le poète MS
Var : l. 29 : l'a conçu L et RA: l'eût produit MS
Var : l. 32 : garder L et RA: parler MS

CONTES CRUELS et d'autres sous les intitulés divers, HISTOIRES INSOLITES, l'AMOUR SUPREME, CHEZ LES PASSANTS, indiquent une centaine environ de courts récits, juste le temps d'épuiser un état d'âme, opulent et bref - le plus miraculeux des livres d'heures : non sans que se prolonge cette
5   alternance, raillerie toujours et investigations spirituelles, selon deux hautes compositions, ISIS fragment premier, entre neuf d'un philosophique ouvrage projeté (la vision totale se brisa, sous quelque coup mystérieux, en nombre de publications du début), il a cette particularité de poser Tullia Fabriana.

Avec TRIBULAT BONHOMMET tente son entrée dans l'oeuvre la
10   plaisanterie, sinistre devant le démon bourgeois, ou Moderne, tel que le concevait aisément l'humoriste - énorme, ressemblant pour que le portraituré immédiatement s'y reconnût : tout en insinuant aux entrailles du monstre, comme ces balles explosives des tueurs récents, on ne sait quel frisson, atrophié ou embryonnaire, d'infini rentré, propre à le secouer et le détruire.
15   Le docteur parle :

«J'ai remarqué, en effet, une chose bizarre et qui, m'étant spéciale, m'intrigue parfois : c'est que mes espiègleries à moi, ont toujours fait pâlir.
Je remplis donc le salon d'un de ces éclats de rire qui,
20   répétés par les échos nocturnes, faisaient jadis - je m'en souviens - hurler les chiens sur mon passage!... Depuis, j'ai dû en modérer l'usage, il est vrai, car mon hilarité me terrifie moi-même. J'utilise, d'ordinaire, ces manifestations bruyantes dans les grands dangers.
25   C'est mon arme, à moi, quand j'ai peur, quoique ma peur soit contagieuse : ce m'est un sûr garant contre les voleurs et les meurtriers quand je suis dans un lieu écarté. Mon rire mettrait en fuite, mieux que des prières, les fantômes eux-mêmes, car moi je n'ai jamais pu contempler les cieux étoiles!
30   - et les Esprits dont j'invoque la protection habitent des astres blafards.»

Villiers, tout dramatique qu'il fût, par un tour essentiel, et quel acteur convaincu de sa propre pièce! peut-être par cela même empêché, ne pratiqua la scène qu'à des laps.

Var : l. 1 : indiquent L et RA: accusent MS
Var : ll. 2-3 : opulent et bref L et RA: [somptueux et rare] opulent et rare MS
Var : l. 5 : selon L et RA: avec MS
Var : l. 6 : fragment L et RA: [tome] fragment MS
Var : l. 7 : Fabriana L et RA: Fabriana [qui a cause d'une absence] MS
Var : l. 9 : tente L et RA: fait MS
Var : l. 10 : démon bourgeois L: démon-bourgeois RA [*leçon conforme à MS*]
Var : l. 10 : portraituré L et RA: portraicturé MS
Var : l. 32 : dramatique L et RA: dramatique [essentiellement] MS
Var : l. 32 : un tour essentiel L et RA: un tour [créateur] essentiel MS
Var : l. 33 : sa propre pièce L et RA: [son propre drame] sa propre pièce MS

Son théâtre proprement dit, malgré qu'ELEN teinté d'opium ou de nuances analogues "au tremblement de terre et à l'éclipse" puisse, avec une frappante qualité scénique, plus exclusivement que MORGANE, requérir la lecture, implique la REVOLTE et l'EVASION, joués, motifs brefs de vaste portée : mais ne se composât-il que du NOUVEAU-MONDE ce serait beau déjà, il rayonne.

Je ne sais quel pressentiment me visite, au cours de mon voyage, que cet ouvrage considérable, monté pendant un relâche par l'auteur lui-même dans des conditions vaines ou d'inviabilité, votre capitale, messieurs, qui, la seconde aujourd'hui, de l'art, anticipe sur les jugements et adresse à Paris nos primeurs, ne sera pas sans reprendre quelque jour ou, pour mieux parler, produire ce chef-d'oeuvre majestueux, triste, superbe.

Tel, dans son intégrité restituée enfin, durable, tout à l'effigie d'un homme énigmatique dont la présence en ce temps est un fait, l'OEuvre qu'évoquera le nom de Villiers de l'Isle-Adam; et dont l'impression, somme toute, ne resemblant à autre chose, choc de triomphes, tristesse abstraite, rire éperdu ou pire quand il se tait, et le glissement amer d'ombres et de soirs, avec une inconnue gravité et la paix, remémore l'énigme de l'orchestre : or mon suprême avis, le voici. Il semble que par un ordre de l'esprit littéraire, et par prévoyance, au moment exact où la musique paraît s'adapter mieux qu'aucun rite à ce que de latent contient et d'à jamais abscons la présence d'une foule, ait été montré que rien dans l'inarticulation ou l'anonymat de ces cris, jubilation, orgueils et tous transports, n'existe que ne puisse avec une magnificence égale et de plus notre conscience, cette clarté, rendre la vieille et sainte élocution; ou le Verbe, quand c'est quelqu'un qui le profère.

Mesdames, Messieurs

(prononcé debout)

Tandis qu'ici venu j'espérais, comme fréquemment nous le faisons, quelques dévots entre nous, évoquer d'un trait, ou de cet autre, une figure qui

---

Var : ll. 2-3 : avec une frappante qualité scénique L et RA: outre [son aveuglante] sa frappante qualité scénique MS

Var : l. 5 : il rayonne L: il rayonnerait RA

Var : l. 15 : rire éperdu L et RA: [jubilation] rire éperdu MS

Var : l. 16 : glissement amer L et RA: glissement majestueux AM: [prestigieux] glissement [prestigieux] majestueux MS

Var : l. 17 : remémore l'énigme L et RA: ne remémore que l'énigme AM: [ne] remémore [que] [en ce temps] l'énigme [inquiétant] MS

Var : l. 17 : or L et RA: et AM

Var : l. 20 : contient L et RA: recèle AM

Var : l. 20 : abscons L et RA: ténébreux AM

Var : l. 20 : la présence d'une foule L et RA: une présence de foule AM

Var : ll. 21-22 : orgueils et tous transports L et RA: orgueils, ivresse et tous transports AM

Var : l. 26 : (*prononcé debout*) L et RA: [*n'est pas dans AM*]

Var : l. 28 : dévots entre nous L et RA: fidèles AM: fidèles, entre nous, à une haute mémoire MS

n'eut dans le siècle et n'aura plus à cause de circonstances spéciales, sa pareille
exactement, voici que je me suis avisé que ces riens qu'on se redit à part soi,
brusquement s'évanouiraient dans la solennité que revêt aujourd'hui le nom de
Villiers de l'Isle-Adam, à votre attention proposé; et que, du reste, celui que je
5   croyais raconter, avait si peu vécu.

Maintenant l'espèce de silence, immédiat et décent, sur les incidents de sa
carrière et même relativement à sa personne, qui suit la disparition de tout
contemporain, a déjà lieu pour ce grand homme; oubli, non, mais attente, la
vraie dalle funéraire, cela; jusqu'à ce que très inopinément et soudain une
10   conviction se répande, par personne et d'autant mieux, établie. Nous ne
pouvions vous ni moi, rompre cette trêve auguste, par un verbiage; et vous étiez,
j'en demeurai surpris, du coup privés de ce qui, je le sais, fait l'attrait des
causeries en public, l'anecdote, cette existence d'un pur héros des lettres,
totalement, ayant tourné au drame : invasion, naguères, du précoce enfant de
15   victoires et de songe, dans un cénacle expectant de lettrés, ou la résignation
d'hier acceptée par le glorieux défait.

Vous avez bien voulu que l'espace qui isole d'une assemblée celui à qui elle
a conféré la parole fût rempli par quelque chose que j'ose croire de la sympathie,
ou tout au moins quelque intérêt, pour l'aventure. Peut-être reconnaîtrez-vous
20   dans cet accord, entre du tact, le vôtre, et ma sévère intention, un motif de plaisir
exquis, mieux que ne l'eût fourni la distraction goûtée à de menus faits; et même
quelque contentement secret afférent à une justice rendue à quelqu'un qui ne
sera jamais là pour en témoigner. Je le lui rapporte.

J'ai tâché de dérouler devant vous cette page humaine, en sa virginité, une
25   des plus belles, encore que lacérée en maint endroit, et roulée, par de bien
mauvaises conjonctures, gardant toutefois pour nous un charme, autant que s'il
s'agissait des faits d'un autre âge, ou même invraisemblables.

Etonné que j'étais, au début, devant ce manque aussitôt perçu d'aucun
amusement, en même temps que je m'en expliquai la fuite futile par la haute
30   atmosphère à l'avance dégagée de votre auditoire, je me remémorai pourtant que
si! dans les dernières années de mon confrère, il exista une circonstance, vous
rapprochant familièrement vous et lui.

Oui, chez celui en qui sourdit toujours l'allégresse sans cause prudemment
et supérieurement soustraite à l'alliage des bonheurs possibles, un fait, le seul,
35   depuis d'infinis jours, qu'il ait consenti à associer à son jaillissement personnel
de délice même au milieu de tracas, je veux dire sa venue ici dans cette

---

Var : l. 2 : qu'on se redit à part soi L et RA: qu'à part soi on se dit AM
Var : l. 3 : que revêt L et RA: que rend AM
Var : l. 5 : avait si peu vécu L, RA et AM: [n'avait pas] avait si peu vécu MS
Var : l. 11 : un verbiage L et RA: un entretien facile AM: [une causerie amusante] un verbiage MS
Var : l. 14 : invasion L et RA: irruption MS
Var : l. 21 : exquis L et RA: délicat AM
Var : l. 21 : goûtée L et RA: prise AM
Var : l. 26 : charme L, RA et AM: [intérêt] charme MS
Var : l. 29 : amusement L, RA et AM: [récit courant] amusement MS
Var : l. 30 : remémorai L et RA: remémorais AM
Var : l. 31 : confrère L et RA: camarade AM: [camarade] [compagnon] confrère MS

bienveillante salle, assis qu'il fut un soir sur ce siège, où je prends indûment sa place, sans en rendre l'équivalence : n'était que j'ai, en les citant, éveillé plusieurs de ses immortelles pensées. Il se sentait las déjà, du vieux combat; et dans la main, très proche de sa vue anxieuse, battait d'une blancheur
5 particulièrement fébrile le papier de tous ses instants intimes ou d'apparat (du moins me l'a-t-on dit), mais il crut éprouver, fût-ce une illusion, accordez-la-lui rétrospectivement, qu'il n'avait pas été inaperçu. Ah! comme il nous revint transfiguré, et ceux, vous, d'autres, dont la poignée de main distante lui suggéra une foi émue en un enthousiaste accueil, ne me direz-vous pas que non : il le savait
10 mieux que tous! et on ne peut dénier à autrui lui avoir procuré un plaisir, sans que ce soit le reconnaissant qui a raison - rappelez-vous, il dut y avoir, ce soir de 1888, comme aujourd'hui pour son absence, qui déjà l'accompagnait, l'enveloppait, de votre part un muet encouragement, qui lui fit du bien. L'écho vous en revient avec moi.
15 Je souris.
Sachez qu'il arrêtait, prolixe dans son sérieux orgueil, les gens, même peu au fait, sur sa route. "Eh! Eh! Bruxelles" je l'entendrai toujours et dans cette apostrophe comme un avertissement gouailleur de *Vous n' avez qu' à vous bien tenir vous autres ici* - il reprenait: "Bruxelles, oui, je n'en dis pas plus." Il ne
20 disait réellement pas autre chose, puis passait; mais revenu bientôt : "Il y a aussi Liège, Anvers, Bruges, Gand" au rappel de cités, qui font le voyageur attentif, et ravi, ajoutant: "des messieurs que *cela* (il parlait du Génie) n'induit pas au bâillement, et des dames qui ont l'air... je m'y connais, ont l'air de prendre goût; et quant à la jeunesse..." là le terme d'"ovations" se tempérait par cet autre seul
25 de "fraternelle bienvenue". A la longue c'était un récit où, sous son geste de sculpteur en horizons (vos paysages même), tout acquérait une insolite valeur, et sa fixité se détendait en notre conviction.
Le pavé ordinaire de Paris quand s'éloignait le fêté à son tour, sonnait comme sous le pas de qui, maintenant, peut s'en aller, il connaît quelque part
30 une autre ville. L'extase longtemps persista. Son plus tenace espoir, voici jour pour jour un an, fut de revenir et, le matin qu'accablé il dit, déshabituant les yeux de la vision d'un cher lointain, qui était ce lieu: "Je n'irai pas, apparemment, en Belgique" moi, je compris un sens plus définitif à ses paroles.
Mon dessein se forma dès ce temps de vous parler, ici, un jour, de lui : et ce
35 serait à ma présomption un motif suffisant, ou plausible, n'eussé-je pas, en des minutes comptées, à souhait évoqué un si lumineux fantôme, que d'apporter, en son nom désormais imprimé seulement - du pays prestigieux toujours par lui habité et maintenant surtout, car ce pays n'est pas - comme une bouffée unique de joie et une exaltation suprême - à la terre amicale qui, un moment, se mêla à
40 ses rêves, ce Message.

Var : l. 4 : battait L RA et AM: [s'agitait] battait MS
Var : ll. 10-11 : sans que ce soit L et RA: sans que ce ne soit AM
Var : l. 14 : avec moi L RA et AM: avec moi aujourd'hui MS
Var : l. 20 : revenu L RA et AM: [de retour] revenu MS
Var : ll. 31-32 : ses yeux L RA et AM: ses yeux [nuls] MS

I

p. 4, l. 4 — Il est exact que pendant de longues années Villiers entoura de mystère ses domiciles hasardeux et ne recevait jamais dans les taudis que la pénurie le contraignait d'habiter. Le journaliste Edouard Taine a également noté sa réticence à cet égard: 'Autrefois, quand je l'accompagnais vers les hauteurs des buttes Montmartre, j'ai toujours respecté le mystère dont il entourait notre séparation nocturne, je ne l'ai jamais interrogé, il n'a jamais eu l'embarras de me répondre. Le poète pauvre et fier avait la pudeur de son domicile' (*L'Etoile de France*, 14 mars 1883). Quand il habitait chez ses parents, Villiers ne tenait pas à ce que ses amis les rencontrassent; plus tard, il avait honte des pauvres garnis où il logeait (quand il ne couchait pas dans des bâtiments en construction); et, quand il s'est mis en ménage avec Marie Dantine, il ne voulait pas qu'on le vît avec elle. C'est seulement vers la fin de sa vie que de rares intimes - Huysmans, Bloy, Méry Laurent et quelques autres - ont été admis chez lui.

p. 4, ll. 14-22 — C'est un extrait de *Claire Lenoir*, la nouvelle centrale de *Tribulat Bonhomet* (*O.C.*, t. II, p. 183) (notons que Mallarmé commet une faute de transcription en écrivant partout 'Bonhommet'). Ici c'est le docteur Lenoir qui parle: il réplique à un mot de Bonhomet qui vient de dire: 'n'exagérons rien, ou nous allons heurter le Sens-commun'. Le texte imprimé de la conférence ne tient pas compte des particularités typographiques de l'original, où Villiers avait écrit 'Sens-commun' avec un trait d'union et avait mis des majuscules aux mots 'Pâtre', 'Mort' et 'Sommeil'. Cependant Geneviève Mallarmé avait transcrit correctement le texte de Villiers, sauf que, par mégarde, elle avait substitué 'mentalement' à 'natalement'. La faute des autres déviations doit donc incomber, en premier lieu, aux imprimeurs de *La Revue d'aujourd'hui*.

pp. 4-5 — Comme le précise Mallarmé, ces lignes sont extraites de *La Machine à gloire*, un des *Contes cruels*, publié pour la première fois en 1874 (*O.C.*, t. I, pp. 278-79). Mallarmé semble avoir particulièrement apprécié ce conte, qui lui est d'ailleurs dédié, puisqu'il le cite de nouveau dans *Tennyson vu d'ici* en 1892 (p. 529). Ici, entre 'comme s'ils avaient lu Milton' et 'Lorsque ce phénomène' les lignes suivantes ont été omises: 'En effet, la Littérature proprement dite n'existant pas plus que l'Espace pur, ce que l'on se rappelle d'un grand poète, c'est l'*Impression* dite de sublimité qu'il nous a laissée, par et à travers son oeuvre, plutôt que l'oeuvre elle-même, et cette impression, sous le voile des langages humains, pénètre les traductions les plus vulgaires' (*O.C.*, t. I, p. 585). Cependant, ces lignes ont bien été transcrites par Geneviève, seulement, sur le manuscrit, elles ont été barrées au crayon bleu. Mallarmé les rétablit dans l'article consacré à Tennyson. La transcription de Geneviève n'est pas rigoureusement fidèle au texte de Villiers; elle aurait dû écrire 'SCRIBE', 'MILTON', '*positif*' et 'LA GLOIRE'.

p. 5, l. 10 — Mallarmé pense à l'habitude qu'avait Villiers d'essayer ses histoires, avant de les écrire, en les racontant devant des auditeurs de hasard, dans les cafés de Montmartre.

p. 5, ll. 10-13 — Ici, consciemment ou non, Mallarmé se fait l'écho d'une opinion de Villiers lui-même, qu'un jour il a exprimée, de façon émouvante, devant le romancier suisse Edouard Rod, qui a rencontré Villiers quand il venait de toucher de l'argent pour la publication de *L'Eve future*: '"Oui, ce roman va paraître! et les autres après ... les autres ... qui attendent leur tour ... Et je ferai des livres maintenant, j'en ferai! ... Les bourgeois me demandent toujours pourquoi je ne fais rien ... Pourquoi je ne fais rien, parbleu! ..." Et se dressant tout debout, et levant les bras, il cria, dans un élan vraiment tragique: "Mais la misère! ..."' ('Mes débuts dans les lettres', *La Semaine littéraire* (Genève) 17 septembre 1910).

p. 5, l. 15   Les 'affaires' de Villiers étaient en effet aussi fantasques qu'enchevêtrées. Il s'agissait tantôt de fondation de journaux, tantôt de procès pour des héritages de famille, tantôt d'occupations invraisemblables, comme ce poste de 'Contrôleur du wagonnage du bétail transporté du Midi à Paris' qu'il prétendait occuper en 1872, tantôt de négociations très embrouillées avec des éditeurs ou des directeurs de théâtre.

p. 5, ll. 29-33   Effectivement, les choses se passaient ainsi parmi les amis de Villiers. Gustave Kahn, parlant des visites d'Henry Roujon aux 'mardis' de Mallarmé, nous dit: 'Cela se terminait presque toujours par quelques phrases sur Villiers: 'Avez-vous vu Villiers? ... Je tâcherai de le trouver à sa brasserie'' (*Silhouettes littéraires*, Paris, Montaigne, 1926, p. 16).

p. 6, ll. 13-16   Villiers lui-même a propagé l'anecdote de l'émissaire des Juifs venu le trouver pour l'inciter à écrire une réfutation du célèbre livre *La France juive* d'Edouard Drumont (1884). Voici par exemple le texte d'une note manuscrite de l'ancienne Collection Leclercq, où il est précisé que l'émissaire était Arthur Meyer, directeur du *Gaulois*: 'Ma réponse à Mayer [*sic*] pour écrire un livre contre Drumont. - Quant au prix, il est fait comme les petits pâtés - depuis assez longtemps même: 'Ce sera ... trente deniers'."

p. 7, ll. 5-6   Villiers avait presque toujours un manuscrit, ou même des manuscrits, dans ses poches. Il les emportait afin de pouvoir les lire à ses amis ou, surtout, de pouvoir y travailler à tout moment et en tout lieu. Comme l'écrit Henry Roujon, 'Villiers besognait, à ses heures, à sa manière, sur une table de brasserie, dans un bureau de rédaction, sur l'impériale d'un omnibus, dans un garni, à la ville, à la campagne, la nuit, même le jour, partout où une plume lui tombait sous la main' (*La Galerie des bustes*, p. 110).

p. 7, ll. 31-32   La description de l'écusson des Villiers de l'Isle-Adam est exacte.

p. 8, l. 2   Effectivement, beaucoup des manuscrits de Villiers sont dans un état de délabrement extrême, et Anatole France a évoqué, avec beaucoup de pittoresque, l'effet lamentable qu'ils produisaient lorsqu'il les sortait de ses poches: 'Des lambeaux sans nom, usés dans ses poches, où il les traînait depuis des années, et qui s'en allaient par bribes dès qu'il les déployait, d'affreux restes indéchiffrables pour lui-même et dont il constatait l'émiettement avec une épouvante comique et profonde' (*La Vie littéraire*, t. III, Paris, Calmann Lévy, 1891, p. 124).

p. 8, l. 3   Beaucoup de contemporains ont vanté la mémoire extraordinaire de Villiers. Henry Roujon par exemple assure que: 'Sa mémoire était incomparable; je crois qu'il savait par coeur plus de la moitié de l'oeuvre poétique de Victor Hugo' ('Lorsque Villiers de l'Isle-Adam nous jouait du Wagner ... ', *Le Journal*, 28 février 1904), et Gustave Guiches nous dit qu'il savait réciter par coeur 'sans une hésitation les plus longues, les plus abstruses nouvelles d'Edgar Poe' ('Villiers de l'Isle-Adam intime', *Le Figaro*, 31 août 1889).

p. 8, l. 36	*Akëdysséril* fut publié dans *La Revue contemporaine* du 25 juillet 1885 et presque simultanément en plaquette chez Brunhoff, puis, l'année suivante, dans le recueil *L'Amour suprême*. La citation, telle que la présente Mallarmé, est composite: il s'agit de trois passages séparés par plusieurs pages, le premier allant jusqu'aux mots 'mille courages' seulement. (*O.C.*, t, II, pp. 102, 106 et 107-108).
p. 9, l. 13	L'optimisme de Villiers quant à son propre avenir était irrépressible. Fernand Calmettes rapporte que sa conversation était émaillée de phrases telles que 'l'hiver prochain, nous serons sortis de là ... Bon feu ... bons fauteuils oreillards' (*Leconte de Lisle et ses amis*, Paris, Librairies-imprimeries réunies, s.d. [1902], p. 201). Il en est de même de sa correspondance: 'Je réussirai avant l'hiver' (*C.G.*, t. I, p. 189), 'Vous verrez, je réussirai' (*C.G.*, t. I, p. 195), '*Demain tout peut changer en beaucoup mieux*', (*C.G.*, t. II, p. 219).
p. 9, ll. 17-21	*Claire Lenoir*, chap. VII (*O.C.*, t. II, p. 169). Cette fois, c'est Claire qui parle, et après les mots 'la mystérieuse loi' (Geneviève Mallarmé avait écrit 'Loi' avec majuscule, conformément au texte de Villiers, mais les imprimeurs n'ont pas tenu compte de ce détail), Mallarmé a décidé de supprimer cette incise 'continuait la jeune femme, si bas que je l'entendais à peine' (Geneviève a bien transcrit cette phrase, barrée par la suite).
p. 9, ll. 26-27	La citation n'est pas textuelle. Mallarmé pense apparemment à la dernière phrase de la préface de *La Révolte* (1870): 'Celui qui, en naissant, ne porte pas dans sa poitrine sa propre gloire ne connaîtra jamais la signification réelle de ce mot' (*O.C.*, t. I, p. 383).
p. 9, l. 38	Il y eut une bonne centaine d'articles nécrologiques consacrés à Villiers, dont beaucoup étaient fort indiscrets, divulguant des détails intimes sur les derniers jours du poète, sur la 'cotisation amicale' et sur son mariage *in extremis*: presque tous n'ont tenu compte que de l'aspect pittoresque et anecdotique du personnage et passent sous silence la qualité de ses oeuvres. Quant aux mots de la fin fournis, Mallarmé a pu être particulièrement choqué par celui qu'a rapporté Georges Rodenbach dans *Le Figaro* du 20 août 1889; selon lui, dans ses derniers jours, Villiers aurait dit: 'Tout le monde ici pour moi pousse à la roue de la mort'. En fait, Mallarmé a informé Méry Laurent que les derniers mots de Villiers furent adressés à Marie Dantine, qu'il venait d'épouser: 'Tiens-moi bien, que je m'en aille doucement' (*Corr.*, t. III, p. 348).
p. 10, ll. 11-12	On ignore quel journal a commis cette bévue, d'autant plus absurde qu'en 1881 Villiers avait été candidat légitimiste aux élections pour le Conseil Municipal de Paris et que depuis cette époque il se posait de plus en plus agressivement en écrivain catholique et monarchiste.

p. 10, ll. 16-17   Il est difficile de savoir à quels journaux pense Mallarmé. Au journaliste Adrien Remacle, auteur de l'article nécrologique qui avait paru dans *La Liberté* du 21 août 1889, il écrivit: 'Votre article est le seul, haut, pieux' (*Corr.*, t. III., p. 391). Mais la collaboration de Villiers à *La Liberté* s'est bornée à deux contes, *Azraël* (*L'Annonciateur*) en 1869 et *L'Amour suprême* en 1884. D'ailleurs, on note que sur le manuscrit Mallarmé avait commencé par écrire de façon moins affirmative, 'De presque plénières', et non 'De plénières'.

p. 10, l. 20   En réalité, 1863 n'est pas la date de l'arrivée de Villiers à Paris, mais bien celle où Mallarmé a fait sa connaissance. Depuis 1855 environ, la famille de Villiers partageait son temps entre Saint-Brieuc et Paris, et en 1859 Villiers avait même collaboré à *La Causerie* de Victor Cochinat. Les Villiers de l'Isle-Adam ne semblent avoir définitivement quitté la Bretagne que vers 1866. Mais c'est effectivement aux alentours de 1863 ou 1864 que Villiers a conquis la réputation d'un des chefs de file de sa génération. Déjà en 1862 Théodore de Banville avait décelé dans *Isis* 'l'incontestable griffe du génie' (*Le Boulevard*, 31 août 1862); Léon Cladel disait: 'Villiers à vingt ans était prodigieux' (cité par Henry Roujon, *La Galerie des bustes*, p. 107). Henry Roujon estimait qu'il était: 'le jeune homme le plus magnifiquement doué de sa génération' ('Villiers de l'Isle-Adam', *La Jeune France*, 1er avril 1883 [article signé Henry Laujol]). Après une lecture de *Morgane*, le journaliste Adolphe Racot assure que 'nous ne doutions pas [...] que bientôt le nom de M. Villiers de l'Isle-Adam ne révélât [...] le nom d'un maître' (*Portraits d'aujourd'hui*, Paris, Librairie illustrée, 1887, p. 286), et il avait su s'attirer la bienveillante attention et l'estime d'auteurs plus chevronnés comme Baudelaire, Flaubert et Gautier.

II

p. 11, ll. 13-17   Il est difficile de savoir exactement à quoi s'en tenir sur la candidature au trône de Grèce. En octobre 1862, le roi Othon de Grèce fut déposé, et il échut aux puissances protectrices - la Russie, l'Angleterre et la France - de désigner un nouveau roi. Selon Robert du Pontavice de Heussey, cousin et premier biographe de Villiers, un ami provençal à qui Villiers avait joué un mauvais tour se vengea en faisant courir le faux bruit selon lequel l'Empereur envisageait de proposer Villiers comme candidat éventuel. Celui-ci et sa famille prirent le bruit au sérieux: le père de Villiers demanda un prêt aux Rothschild, et Villiers lui-même se présenta aux Tuileries, où il fut reçu par le duc de Bassano, chambellan de Napoléon III, qui finit par l'éconduire, croyant qu'il était fou (Villiers mit son hostilité sur le compte d'un engagement pris envers le prince Georges de Danemark, d'ailleurs désigné comme Roi de Grèce peu de temps après). Pontavice ne nomme pas la personne responsable du faux bruit, mais on peut penser qu'il s'agit de Catulle Mendès, originaire du Midi. En tout cas, Emile Bergerat affirme carrément que Mendès était à l'origine de l'histoire, qu'il appelle 'une fumisterie gigantesque, propagée et inventée peut-être par Catulle Mendès' (*Souvenirs d'un enfant de Paris*, t. I, Paris, Fasquelle, 1911, p. 226). Henry Roujon croyait aussi à une plaisanterie: 'Villiers se laissa persuader, par quelque railleur à froid comme il s'en trouve dans les cabarets de nuit, que sa race avait des titres indiscutables à la succession d'Othon. Pendant plusieurs semaines, il ne fut question, au café de Madrid, que de la candidature de

Villiers au trône de Grèce. Le prétendant obtint une audience de Napoléon III. Au jour fixé, impénétrable et frisé, il se présenta aux Tuileries. Le souverain s'était fait suppléer par le duc de Bassano. On ne s'entendit pas' (*La Galerie des bustes*, p. 112).

Mais Mallarmé a bien raison de dire que Villiers ne fit rien pour démentir la légende. Au contraire, nous savons qu'il prenait plaisir à la propager. La preuve est fournie par le *Journal* des Goncourt pour le 12 septembre 1864, où les frères ont noté qu'ils étaient assis à la terrasse d'un café quand Villiers vint les rejoindre. Il disait avoir commencé sa campagne pour le trône de Grèce en faisant insérer dans le *Times* de Londres une dépêche qui serait reprise par les journaux parisiens et viendrait ainsi à l'attention de Napoléon III - 'mon Dieu, il croit aussi à l'imprimé, l'Empereur!' Il avait été reçu par l'Empereur et avait arboré toutes ses décorations étrangères, en se donnant un air de vieillesse distinguée. Selon lui, l'Empereur avait été 'épaté' et avait pris congé en déclarant: 'Monsieur le Comte, je réfléchirai ... ' (*Journal*, t. II, Paris, Fasquelle-Flammarion, 1959, p. 78).

Il est tout à fait possible que tout ait commencé par une plaisanterie dont Villiers aurait été dupe. Mais si c'est le cas - il est impossible de savoir si la prétendue visite aux Tuileries a réellement eu lieu - Villiers a dû décider de retourner la plaisanterie contre son auteur en affirmant avoir effectivement entrepris des démarches en vue d'être nommé.

p. 11, l. 24 Il est probable que, sous la plume de Mallarmé, cette évocation de la maison natale de Villiers est purement conventionnelle. Mais il se trouve qu'elle est assez exacte. Il s'agit du numéro 7, rue Saint-Benoît à Saint-Brieuc, qui était une vaste maison construite au dix-septième siècle pour le confesseur des religieuses d'un couvent voisin.

p. 11, l. 26 Villiers a en effet séjourné deux fois à l'abbaye de Solesmes - pendant trois semaines en 1862 et pendant quinze jours en août 1863. Les deux fois, il y fut envoyé par ses parents inquiets de son salut, et il fut fort mécontent de voir sa liberté ainsi entravée. Il est vrai qu'il n'en profita pas moins de la bibliothèque de l'abbaye et de ses conversations avec les moines, notamment avec le père abbé dom Guéranger. A l'origine, Mallarmé avait été moins affirmatif et avait écrit, non pas 'mainte abbaye', mais 'quelque abbaye', ce qui semble plus exact.

L'allusion à la 'juvénile science' qui aurait motivé ses visites dépend d'une affirmation de Villiers qui, dans la chronique *Une Entrevue à Solesmes* (publiée en 1883, puis recueillie dans *Histoires insolites*) où il raconte le séjour qu'il avait fait à l'abbaye en 1863, en même temps que Louis Veuillot, commence par ces mots: 'Il y a quelques années je dus me rendre, en vue de recherches archéologiques, à l'abbaye des bénédictins de Solesmes' (*O.C.*, t. II, p. 313).

p. 11, l. 29 Pour prestigieux que soit le nom de 'Villiers de l'Isle-Adam', Mallarmé se trompe pour les prénoms de son ami, qui étaient en réalité Jean-Marie-Mathias-Philippe-Auguste. Mais dans sa famille on l'appelait Mathias, et le plus souvent il signait 'Auguste'. Ses amis ne l'ont jamais appelé autrement que 'Villiers'.

p. 12, l. 3 François Coppée a effectivement connu Villiers à l'époque du Parnasse et a évoqué sa silhouette, d'ailleurs sans trop d'indulgence, dans un article de *La*

Patrie, le 24 février 1883, à l'occasion de la création du *Nouveau Monde*. Mais le succès de Coppée semble l'avoir quelque peu éloigné de Villiers, qui appréciait peu son populisme sentimental. Ce fut même à propos d'un des drames de Coppée que Villiers a bruyamment déclamé cet alexandrin improvisé: 'Donnez-moi de l'argent puisque j'aime ma mère!' Cependant, une certaine sympathie subsista, et ce fut grâce à Coppée que Villiers put obtenir une chambre à la Clinique des Frères Saint-Jean de Dieu dans sa dernière maladie. On lui avait même demandé d'être un des témoins au mariage *in extremis* de Villiers, mais il refusa, sous prétexte d'un départ dans la soirée, en réalité parce qu'il désapprouvait l'idée de ce mariage.

p. 12, l. 3   Léon Dierx a été l'ami intime de Villiers pendant de longues années et lui est souvent venu en aide aux moments de pire détresse. A quelques semaines de sa mort, Villiers a précisé que les seules visites qu'il voulait recevoir étaient celles de Mallarmé, de Huysmans et de Dierx. Villiers lui a rendu hommage dans son article *Une Soirée chez Nina de Villard* en 1888, et Dierx a été un des témoins à son mariage *in extremis*.

p. 12, l. 3   Heredia et Villiers se sont beaucoup fréquentés à l'époque du Parnasse, et il existe plusieurs lettres de Villiers à Heredia attestant leur intimité d'alors. Pourtant Heredia ne semble l'avoir apprécié que modérément: dans une lettre à un ami en 1865 il l'appelle 'un fou très intéressant' (Miodrag Ibrovac, *José-Marie de Heredia*, Paris, Les Presses françaises, 1923, p. 125). Mais plus tard, selon son gendre le poète Henri de Régnier, il a volontiers reconnu l'emprise de Villiers jeune sur les écrivains de sa génération: 'Ses amis avaient conservé le souvenir d'un autre Villiers, d'un Villiers tout illuminé d'un fulgurant éclat de jeunesse, marchant avec certitude à la conquête de la gloire [...] José-Maria de Heredia m'a plus d'une fois confirmé l'impression produite par celui dont tous reconnaissaient le prestige dominateur' (*Nos Rencontres*, Paris, Mercure de France, 1931, pp. 58-59).

p. 12, l. 3   Paul Verlaine aussi a connu Villiers à l'époque du Parnasse et les deux hommes sont restés liés jusqu'en 1889. Verlaine a fait le portrait de Villiers pour la collection *Les Hommes d'aujourd'hui*, et il a incorporé un essai sur son oeuvre dans la seconde édition des *Poètes maudits* (ayant renoncé à le mettre dans l'édition originale, faute sans doute d'avoir pu se documenter convenablement). Il a composé sur la mort de Villiers un poème recueilli dans *Dédicaces* et que Mallarmé a appelé 'un beau, très beau sonnet' (*Corr.*, t. II, pp. 356-57).

p. 12, ll. 3-4   Villiers et Mendès se sont liés en 1860 ou 1861. Le 15 février 1861 Villiers a publié un poème dans la *Revue fantaisiste* que venait de fonder Mendès; celui-ci a fait l'éloge d'*Isis* dans un article paru dans *le Boulevard* du 31 août 1862. En 1864, Villiers a consacré au recueil *Philoméla* de Mendès un long article qui est en même temps un manifeste littéraire. Pendant quelque temps ils ont été très proches l'un de l'autre, mettant en commun leurs bourses, leurs idées littéraires, même, à ce qu'il paraît, leurs maîtresses. Mais ils étaient très différents et de bonne heure leur amitié a connu des nuages, même des querelles violentes, à tel point qu'en 1879 Villiers a failli se battre en duel contre Mendès et que la férocité des épigrammes qu'il lançait contre Mendès est devenue légendaire. Selon Henri de Régnier, il disait: 'Catulle, c'est une frégate dans une bouteille. On ne sait comment elle y est rentrée, mais elle y est'. Il racontait qu'un soir il se promenait sur le boulevard avec Mendès, mais que quand il s'est retourné, Mendès avait disparu: 'Je n'ai plus vu Mendès ... Je n'ai vu qu'une petite flamme bleue qui disparaissait dans une bouche d'égout'. Un autre soir, il a frappé à la porte de Mendès, mais quand celui-ci a ouvert il est resté sur le seuil. Lorsque Mendès a insisté: 'Mais entre donc, entre donc!' il a tâté ses poches, s'est écrié: 'Non, pas ce soir, j'ai des fonds!' et s'est enfui en courant (Henri de Régnier, *De mon temps*, Paris, Mercure de France, 1933, pp. 51-52). Il avait également l'habitude d'une mimique cruellement comique sur les mots "Abraham ... Catulle ... Mendès!' que plusieurs mémorialistes nous ont décrite (entre autres Gustave de Malherbe, cité par Léon Deffoux, *Les Derniers Jours de Villiers de l'Isle-Adam*, Paris, Bernard, 1930, p. 27). Mendès parle de Villiers dans sa *Légende du Parnasse contemporain* (Bruxelles, Brancart, 1884), mais le mot de 'demi-génie' a mis Villiers en fureur (p. 123). Plus tard, dans son *Rapport sur le mouvement poétique de 1867 à 1900* (Paris, Imprimerie Nationale, 1903, p. 126), il l'a appelé 'le plus hautain et le plus magnifique rêveur de la seconde moitié de notre âge'. Mallarmé n'ignorait rien de leurs disputes, et on peut se demander s'il n'a pas obéi à une intention légèrement malicieuse en mettant le nom de Mendès à l'écart de ceux des autres camarades de la première heure.

p. 12, ll. 11-12   Ce geste caractéristique a frappé tous les contemporains. Baude de Maurceley nous dit: 'il relevait, d'un geste brusque, une mèche de cheveux rebelle, qui retombait aussitôt sur son front' ('La Vérité sur le salon de Nina de Villard', *Le Figaro*, 3 avril 1929). Huysmans aussi parle de Villiers 'secouant d'un coup de tête, la mèche de ses cheveux' (cité par F.-A. Cazals, *Paul Verlaine, ses portraits*, Bibliothèque de l'Association, 1896) et Victor-Emile Michelet fait allusion à ses 'cheveux grisonnants, dont une mèche toujours descendue, était toujours rejetée en arrière, par le geste habituel d'une main très belle' (*Figures d'évocateurs*, Paris, Figuière, 1913, p. 184).

p. 12, ll. 14-15   'Oeil bleu pâle emprunté à des cieux autres que les vulgaires', en effet. Des 'yeux bleu pâle', selon François Coppée (*La Patrie*, 26 février 1883); 'l'oeil presque sans regard', selon Xavier de Ricard (*Petits Mémoires d'un parnassien*, Paris, Lettres Modernes, 1967, p. 103); 'l'oeil atone', selon Louis de Gavrinis (*La Comédie humaine*, 2 janvier 1875); 'les yeux grands ouverts, d'un bleu gris, striés de jaune', selon Baude de Maurceley ('La Vérité sur le salon de Nina de Villard', *Le Figaro*, 3 avril 1929); 'les yeux, lunaires, distants des sourcils, étaient pâles et fatigués', selon Victor-Emile Michelet (*Figures d'évocateurs*, p. 184); 'des yeux bleus très clairs, souvent l'air lointain', selon P.-V. Stock, *Le Mémorandum d'un éditeur*, t. III, Paris, Stock, 1936, p. 182); 'l'oeil, par instants, étincelait comme pour des despotismes', selon Jules Destrée (cité par Gustave Vanwelkenhuyzen, *Villiers de l'Isle-Adam vu par les Belges*, Bruxelles, Palais des Académies, 1959, p. 10).

p. 12, ll. 16-27   On ne sait où Mallarmé a trouvé cette généalogie, peut-être dans un des manuscrits de Villiers qu'il a eus entre les mains après la mort de son ami. Villiers a d'ailleurs quelque peu varié sur la lignée de ses ancêtres, et à différentes époques il a dressé plusieurs arbres généalogiques qui montrent des variations très sensibles, surtout pour les époques les plus reculées. Le plus complet est celui qu'il a incorporé au grand ouvrage inachevé *Maison de*

Villiers de l'Isle-Adam. Là, celui que Mallarmé appelle Rodolphe-le-Bel (ou sur le manuscrit, Rudolphe-le Bel) figure sous le nom de Radulph (Raoul) le Bel né en 1067, mais il n'y est pas question de 'Raoul, sire de Villiers-le-Bel, en 1146'), et pour le mariage de Jean de Villiers avec Marie de l'Isle, Villiers donne la date 1277, non 1324; en outre, il appelle leur fils Adam, non Pierre. Pour Villiers, Pierre Ier était même le grand-père de Jean. Quant à Jean, maréchal de France, c'est pour défendre sa réputation que Villiers a intenté un procès en diffamation aux responsables du mélodrame *Perrinet Leclerc* en 1875, et la moitié de la *Maison de Villiers de l'Isle-Adam* consiste en sa biographie. Le fait est (et Villiers le savait) que l'histoire des origines de la famille est très hypothétique; c'est pourquoi elle existe en plusieurs versions différentes.

pp. 12-13   Villiers prétendait lire assidûment les Pères de l'Eglise, et saint Thomas est cité dans le sermon de l'Archidiacre dans *Axël*. Saint Bernard est mentionné trois fois dans ses oeuvres: une citation de ses *Méditations*, d'ailleurs abrégée et déformée, forme l'épigraphe du conte *L'Intersigne*; le même passage est également utilisé dans la cérémonie religieuse de la Première Partie d'*Axël* (*O.C.*, t. I, p. 694 et t. II, p. 552); une autre citation, dont l'origine est inconnue, figure en épigraphe à *L'Amour suprême* (*O.C.*, t. II, p. 3). Pour ce qui est de Kant, il est mentionné dans les *Premières poésies* (*O.C.*, t. I, p. 18), mais dans des termes qui tendent à faire croire que Villiers n'a guère pratiqué ses oeuvres:

> Si c'est rire de tout, que la philosophie,
> Adieu Kant et Schelling!

A part cela, Villiers cite son nom dans une lettre à Marras en 1869, quand il affirme, à propos de Wagner, qu''il n'aime que Kant' (*C.G.*, t. I, p. 135) - ce qui est d'ailleurs bizarre, étant donné que le philosophe préféré de Wagner était incontestablement Schopenhauer. En revanche, pendant de longues années, à partir d'*Isis* en 1862, Villiers s'est souvent réclamé de Hegel, et en 1866 il a instamment recommandé à Mallarmé la lecture de celui qu'il appelait 'ce miraculeux génie [...] ce procréateur sans pareil [...] ce reconstructeur de l'Univers' (*C.G.*, t. I, p. 100). Sa philosophie est longuement discutée dans *Claire Lenoir* (1867) et Villiers continue à le citer admirativement dans *L'Eve future* (1886). Mais vers la fin de sa vie, sans aller jusqu'au reniement complet, il s'en est quelque peu détaché, ayant élaboré un système personnel et étant gêné par des scrupules religieux. Remy de Gourmont, parlant de l'hégélianisme de Villiers, nous dit: 'vers la fin il en enseignait les déceptions après en avoir accepté, d'abord, les larges certitudes' (*Le Livre des masques*, Paris, Mercure de France, 1921, p. 92).

p. 13, ll. 4-5   Autant que l'on sache, la Trappe est parmi les 'quelques-uns imaginaires'.

p. 13, l. 7   Il est certain que, comme le laisse entendre Mallarmé, Villiers lisait très peu dans les dernières années de sa vie. Henry Roujon emploie une formule analogue à celle de Mallarmé: 'Il apprit un peu de tout et rêva le reste' (*La Galerie des bustes*, p. 125), et Remy de Gourmont déclare: 'Il lisait peu dans les derniers temps' (*Promenades littéraires*, 2e série, Paris, Mercure de France, 1906, p. 14).

p. 13, ll. 17-20   Mallarmé reviendra sur cette idée dans *La Musique et les Lettres* en 1894: 'J'apporte en effet des nouvelles. Les plus surprenantes. Même cas ne se vit encore. On a touché au vers. Les gouvernements changent: toujours la prosodie reste intacte: soit que, dans les révolutions, elle passe inaperçue ou que l'attentat ne s'impose pas avec l'opinion que ce dogme dernier puisse varier' (pp. 634-44).

p. 13, l. 28   L'expression 'cette frêle main' présente peut-être un double sens. D'un côté, il s'agit, bien entendu, de la faiblesse de l'Homme en général, mais, d'un autre côté, il y a peut-être là une allusion à la délicatesse des mains de Villiers: 'une main très belle', écrit Victor-Emile Michelet (*Figures d'évocateur*, p. 184), Pontavice de Heussey parle d'une 'blanche main de prélat' (*Villiers de l'Isle-Adam*, Paris, Savine, 1893, p. 140) et P.-V. Stock fait allusion à 'sa main blanche et fine' (*Mémorandum d'un éditeur*, p. 182).

p. 14, l. 11   Il s'agit naturellement du recueil *Premières Poésies*, publié chez Scheuring à Lyon en 1859, mais que Villiers a presque renié par la suite, l'appelant un 'déplorable bouquin', des 'vers de collégien' et 'des vers du temps des pensums' (*C.G.*, t. I, p. 47 et 170, et dédicace autographe à Gaston Hirsch).

pp. 14-15   Les trois poèmes cités par Mallarmé font partie du petit cycle *Conte d'amour*, qui figure dans les *Contes cruels*. Mais ils y sont présentés dans un ordre différent, 'L'Aveu' étant le deuxième de la série, 'Rencontre' le huitième et 'Les Présents' le troisième (*O.C.*, t. I, pp. 1734"39). 'L'Aveu' a paru pour la première fois en 1866, 'Rencontre' en 1868, et 'Les Présents' en 1873. Leur tonalité est très différente de la rhétorique romantique des *Premières Poésies*, et Mallarmé a bien raison d'employer le terme 'lieds', puisqu'ils rappellent fortement la manière de Heine.

p. 16, ll. 4-5   La dette de Villiers envers Poe est considérable. C'est Poe qui lui a révélé sa vocation de conteur, qui lui a suggéré le mélange d'humour et d'horreur qu'il pratique dans *Claire Lenoir* et ailleurs, qui lui a donné l'idée du fantastique scientifique qui domine *L'Eve future*, qui, directement ou indirectement, lui a fourni l'idée de bon nombre de contes. Villiers le cite souvent en épigraphe, et Mallarmé est loin d'être le seul à noter la parenté entre les deux écrivains. Remy de Gourmont appelle Villiers 'notre Edgar Poe' (*Promenades littéraires*, 4e série, Paris, Mercure de France, 1920, p. 79); Gabriel Mourey lui a demandé de préfacer un volume de traductions de Poe, et Camille Mauclair l'a longuement comparé à Poe ('Villiers de l'Isle-Adam relativement à Poe et à Flaubert', *Princes de l'Esprit*, Paris, Ollendorff, 1920).

p. 16, ll. 6-12   C'est un passage de la préface de *The Raven and Other Poems*, le recueil publié par Poe en 1845. Mallarmé a déjà cité ces lignes dans les 'Notes sur les poèmes' qu'il a jointes à sa traduction des *Poèmes d'Edgar Poe* en 1888 (pp. 227-28). Mais en 1888 il avait écrit 'chétifs dédommagements' et 'louanges plus chétives encore'. 'Chétifs' et 'pauvres' sont également acceptables comme traductions du mot anglais 'paltry'.

p. 16, l. 19   Nombreux sont ceux qui ont remarqué combien, dans les dernières années de sa vie, Villiers était physiquement diminué. Voici le témoignage d'Edouard Rod: 'Il n'était plus d'ailleurs que l'ombre de lui-même: sa voix sourde s'était creusée encore et sonnait le vide de ses poumons détruits, il marchait plus voûté que jamais' ('Mes Débuts dans les lettres'). De même Gustave Guiches:

'Villiers n'a pas encore cinquante ans. Mais, courbé, la tête un peu branlante, et la bouche édentée, il paraît plus que septuagénaire' (*Le Banquet*, Paris, Spes, 1926, p. 38).

p. 16, ll. 29-30   D'autres que Mallarmé ont remarqué que, malgré sa pauvreté, Villiers parvenait à garder une certaine coquetterie dans sa mise. Fernand Calmettes raconte qu'un jour quelqu'un attira l'attention d'une dame sur l'usure de la chemise que portait Villiers et reçut la reponse: 'Oui, mais il la porte si bien!' (*Leconte de Lisle et ses amis*, p. 190).

p. 16, l. 32   'Six heures durant quelquefois' n'est pas une exagération. Voir par exemple la lettre écrite par Léon Bloy après avoir passé la soirée du 14 juillet 1887 en compagnie de Villiers chez le père de Lucien Descaves: 'Soirée inouïe, fantastique!   Saturation d'art pendant six heures, délire de sensations prodigieuses. Villiers que je croyais connaître m'a comblé de stupéfaction, imprégné, soûlé de délices' (Joseph Bollery, *Léon Bloy*, t. II, Paris, Albin Michel, 1949, p. 253).

p. 17, ll. 15-16   Ce n'est pas par hasard que Mallarmé écrit: 'minuits' et 'soirs'. Villiers était essentiellement un être nocturne, passant une grande partie de la journée au lit et ne sortant et ne s'animant qu'une fois la nuit tombée.

III

p. 19, l. 10   Mallarmé ne semble pas avoir été fixé sur l'âge véritable de Villiers. Ici, il dit 'cinquante-deux ans' mais en août 1889 il avait écrit à Huysmans: 'qu'il ait vécu jusqu'à cinquante et un ans est un miracle' (*Corr.*, t. V, p. 305). En réalité, il se trompe les deux fois. Etant né le 7 novembre 1838, Villiers n'avait que cinquante ans lors de sa mort le 18 août 1889. Mais il avait (on ne sait pourquoi) l'habitude de se rajeunir de deux ans, prétendant être né en 1840. C'est peut-être ce qui a créé la confusion dans l'esprit de Mallarmé.

p. 19, ll. 10-11   Selon une lettre inédite de l'artiste Franc-Lamy à Jean Marras écrite quelques jours avant la mort de Villiers, Mallarmé lui avait dit, devant l'état de dépérissement du malade: 'Il a quatre-vingts ans' (lettre communiquée par Mme. A. Pasquet-Marras).

p. 19, ll. 30-31   Depuis longtemps Villiers s'entraînait pour sa rencontre avec Dieu. Voici le témoignage d'Henry Roujon: 'il se préparait soigneusement aux surprises du grand interrogatoire. Face à face avec l'Eternel, il lui faudrait parler théologie, comme avec Dom Guéranger, comme avec Louis Veuillot, et l'Adversaire serait formidable. Une des nos espiègleries coutumières consistait à lui demander de nous révéler les bottes secrètes qu'il avait réservées pour le terrible duel. "Riez, jeunes railleurs! répondait-il. Vous y passerez à votre heure. Je vous souhaite de vous en tirer comme moi!" [...] A tout hasard, il s'était muni de quelques citations des Pères, jugeant avec raison que cela ne pouvait nuire' (*La Galerie des bustes*, p. 121).

p. 20, ll. 3-5   On a souvent remarqué que Villiers avait le goût du blasphème. Voici, encore une fois, le témoignage d'Henry Roujon: 'En affectant une foi de séminariste, il se délectait à blasphémer. Il considérait le droit au blasphème comme sa propriété particulière, ne tolérant jamais qu'on lui donnât la réplique lorsqu'il s'égayait avec le divin. Ce Breton catholique fréquentait Satan encore plus que Dieu' ('Villiers de l'Isle-Adam', *La Revue bleue*, septembre 1889). Anatole France a constaté la même tendance: 'sa piété était terriblement impie' (*La Vie littéraire*, t. III, Paris, Calmann Lévy, 1891, p. 121).

p. 20, l. 11   L'attachement de Villiers au catéchisme est attesté par Henry Roujon, qui raconte qu'un jour il était en train de lire *L'Histoire de la création* par Haeckel; quand Villiers l'a vu, il a pris le livre, l'a regardé attentivement, l'a soupesé, s'est exclamé sur le prix, puis a dit: 'Le catéchisme ne coûte que deux sous, et il contient toute la sagesse!' (*La Galerie des bustes*, p. 120).

p. 20, l. 25   Effectivement, Villiers (tout comme son père) a toujours été fasciné de richesses: dans sa jeunesse, il écrivait à Mallarmé: 'il y a vraiment lieu d'espérer que je vais être riche, oh follement! à faire pâlir les sots et les gensses d'esprit' (*C.G.*, t. I, p. 84), et affirmait qu'il allait être 'cent fois millionnaire': quelques mois plus tard, même son de cloche: 'Je suis toujours sur le point d'avoir une immense fortune' (*C.G.*, t. I, p. 101). Même les années de pénurie n'avaient pas entièrement éteint ces espérances démesurées, et à l'époque de la création du *Nouveau Monde*, il en escomptait d'énormes bénéfices, disant à Edouard Taine: 'nous aurons bien 300 représentations, la salle fera une moyenne de 8.000 francs, mes droits d'auteur seront de 12½%, au bas mot 300.000 francs, et le château de mes pères, dans les Côtes-du-Nord, près de Saint-Brieuc, sera rebâti magnifiquement', après quoi il voulait faire le tour du monde et visiter le Canada et l'île de Malte (*L'Etoile de France*, 14 mars 1883).

p. 20, ll. 27-28   Il s'agit de la Clinique des Frères Saint-Jean de Dieu, rue Oudinot, où Villiers, fort mal logé à Nogent-sur-Marne, fut transféré le 12 juillet 1889 et où il devait mourir cinq semaines plus tard.

p. 20, l. 33   Une autre fenêtre ouverte sur le même jardin fut celle du 25 rue Rousselet, où Barbey d'Aurevilly mourut le 23 avril 1889.

p. 21, l. 5   Il s'agit d'un vieux piano à queue de Paepe, que Villiers avait acquis vers la fin de sa vie et qui, en mars 1888, n'était toujours pas payé (*C.G.*, t. II, p. 227). Cet instrument attirait l'attention de tous ceux qui étaient admis dans son appartement, qui consistait en 'trois pièces presque nues; la plus grande était aux trois-quarts remplie par un large piano d'acajou qui laissait bien peu de place pour la table de travail' (Hugues Le Roux, *Portraits de cire*, Paris, Lecène, 1891, p. 19).

p. 21, l. 8   Il n'est guère nécessaire de souligner le culte que Villiers a toujours voué à Wagner. Il a beaucoup écrit sur son oeuvre, dans *Claire Lenoir*, dans ses évocations de *Lohengrin* et du *Rheingold*, dans *La Légende moderne* et ailleurs; il est allé deux fois voir ses opéras à Munich; il lui a rendu visite trois fois à Tribschen; il a joué et chanté sa musique à qui voulait l'entendre. Avec Catulle Mendès, Judith Gautier et quelques autres, il a été un des principaux hérauts de la gloire de Wagner en France.

p. 21, l. 9   Villiers a mis en musique des poèmes qu'il aimait particulièrement, notamment 'La Mort des amants' de Baudelaire, mais aussi des vers de Ronsard et de Victor Hugo.

p. 22, l. 1	Bien entendu, il s'agit de l'Exposition de 1889, organisée pour fêter le centenaire de la Révolution. Villiers a pu la visiter en petite voiture d'invalide quelques mois avant de mourir.
pp. 22-23	Cette citation de *La Maison du bonheur* dans les *Histoires insolites* (1888) est exacte sauf en ce qui concerne de menues variantes de ponctuation.
p. 23, ll. 14-17	Cet extrait d'*Axël* (*O.C.*, t. II, p. 671-720) présente aussi des variantes de ponctuation, mais l'original comporte le mot 'plutôt' après 'demeure-moi' (cette omission n'est pas la faute de Geneviève, qui a correctement transcrit le texte de Villiers).
p. 23, ll. 20-37	La présentation de cette citation est mystérieuse. Elle ne provient nullement de *La Maison du bonheur* mais de *L'Inconnue* dans les *Contes cruels* et sur le manuscrit on lisait à la fin: '*Contes Cruels. L'Inconnue*'. L'erreur dans l'attribution n'est donc pas le fait de Geneviève, ni de Mallarmé, et il est difficile de deviner comment elle a pu se produire. On constate aussi que Villiers avait écrit 'UNIQUE' et 'ILLUSION' en capitales, alors que Geneviève s'est contentée de mettre une majuscule à la première lettre de ces mots, et que l'imprimeur n'a pas tenu compte de cette indication (*O.C.*, t. I, p. 719).
p. 24, ll. 2-6	La citation de *Maryelle* est exacte (*O.C.*, t. I, p. 729).

IV

p. 25, l. 4	Ces boxeurs quotidiens ne sont pas une métaphore. Villiers a gagné quelques francs en se faisant moniteur dans une salle de boxe. Léon Bloy l'a confié à son ami Montchal en octobre 1885: 'Mon ami, le comte Villiers de l'Isle-Adam, titulaire d'un des plus grands noms de l'Europe et l'une des plus lumineuses intelligences de poète qu'on ait vues en ce siècle, est moniteur dans une salle de boxe anglaise et reçoit, aux appointements de 60 francs par mois, environ deux douzaines de coups de poing sur la figure chaque semaine, pour nourrir son fils' (*Lettres aux Montchal*, éd. J. Bollery, Paris, Bernouard, 1947-48, pp. 105-106).
p. 25, l. 5	Gustave Guiches confirme cette fierté: 'Nerveux, chétif, toutefois solidement musclé, d'une agilité de parfait gymnaste, boxeur redoutable, fin tireur à l'épée et au pistolet, il parlait de ses supériorités physiques avec une exaltation surprenante' ('Villiers de l'Isle-Adam', *La Nouvelle Revue*, 1er mai 1890).
p. 26, l. 7	Il n'est pas exclu qu'en créant cette formule, Mallarmé ait eu présent à l'esprit la dédicace de *L'Eve future*: 'Aux rêveurs. Aux railleurs'.
p. 26, ll. 19-33	La citation est tirée du chapitre V du livre VI du roman (*O.C.*, t. I, p. 984). Elle est exacte.
p. 27, ll. 6-7	'Hier même, parue, posthume' - quand Villiers mourut, *Axël* était à moitié imprimé seulement, et Villiers avait à peine commencé à réviser la dernière

des quatre parties. En outre, juste avant de mourir il avait manifesté le désir de modifier tout le drame afin de le rendre conforme à l'orthodoxie chrétienne. En tant qu'exécuteurs testamentaires, Mallarmé et Huysmans se sont chargés de surveiller l'édition, tâche difficile dans laquelle ils se sont fait aider par Gustave de Malherbe, ami de Villiers et employé de la Maison Quantin, où devait paraître l'oeuvre. En fin de compte, *Axël* sortit en janvier 1890, donc un mois seulement avant que Mallarmé ne prononçât sa conférence.

p. 27, l. 7   'Testament du poète' non seulement parce que c'était sa dernière oeuvre, mais surtout parce que Villiers avait toujours considéré *Axël* comme l'ouvrage où il devait enfermer toute son expérience d'homme, de penseur et d'écrivain et qu'il y a travaillé pendant une vingtaine d'années. Le 20 janvier 1890, écrivant à Octave Mirbeau, Mallarmé fait allusion a '*Axël* par Villiers, son oeuvre choyée et interrompue, et [Huysmans et moi, nous] pensions qu'il avait payé de l'horreur de sa vie ces trois cents pages pas une sans un éblouissement' (*Corr.*, t. IV, p. 33).

pp. 27-28   Il s'agit de deux passages de la Quatrième Partie d'*Axël*, 'Le Monde passionnel': d'abord les dernières répliques de 'L'Epreuve par l'or et par l'amour', puis, après l'omission d'une didascalie, les premières lignes de 'L'Option suprême' (*O.C.*, t. II, pp. 671-72).

p. 28, l. 35   Mallarmé a beaucoup admiré *L'Annonciateur*, disant à Villiers que ce conte 'me fait tant rêver pour savoir si ce n'est pas le plus beau morceau littéraire dont je garde la mémoire' (*Corr.*, t. III, p. 239).

p. 28, l. 35   Comme d'autres contemporains, Mallarmé a été enthousiasmé par *Akëdysséril*. Le 1er août 1885, il a écrit à Edouard Dujardin: "Quel éblouissement qu'*Akëdysséril*: je ne sais rien d'aussi beau et ne veut plus rien lire après cela' (*Corr.*, t. II, p. 293), puis, le 24 août de la même année à Charles Vignier: 'je ne connais rien, dans tout ce qu'ont écrit ceux du passé, nos maîtres, que ne dépasse ce prestigieux morceau' (*Corr.*, t. IV, p. 497).

p. 29, l. 3   Une centaine de morceaux, en effet, mais qui ne sont pas tous des récits: *Chez les passants* est surtout un recueil de chroniques, et même les recueils narratifs comportent aussi des oeuvres qui sont des chroniques plutôt que des contes.

p. 29, l. 4   Voici l'essentiel de la lettre que Mallarmé a envoyée à Villiers après avoir reçu son exemplaire des *Contes cruels*, portant la dédicace: 'A mon meilleur, mon seul ami': 'A toute heure, je lis les Contes, depuis bien des jours; j'ai bu le philtre goutte à goutte. Je ne peux pas ne pas céder à la joie de t'envoyer, où que tu sois, un serrement de mains - du fond des années - qui t'arrivera peut-être. Ce livre, si poignant parce qu'on songe qu'il représente le sacrifice d'une vie à toutes les Noblesses, vaut bien, va (et ce n'est pas une évaluation médiocre), tant de tristesses, la solitude, les déboires, et les maux pour toi inventés. Tu as mis en cette oeuvre une somme de Beauté, extraordinaire. La langue vraiment d'un dieu partout. Plusieurs des nouvelles sont d'une poésie inouïe et que personne n'atteindra: toutes, étonnantes' (*Corr.*, t. III, p. 239).

p. 29, l. 6   La phrase paraît bizarre et passablement obscure. Elle devient plus compréhensible quand on se rend compte qu'à l'origine Mallarmé avait écrit 'tome premier entre neuf d'un philosophique ouvrage': il n'a pas vu qu'en remplaçant 'tome' par 'fragment', il aboutissait à une expression impropre. Mais, de toute façon, on ignore pourquoi il croyait qu'*Isis* devait comporter neuf volumes. Le premier tome, seul publié, porte en sous-titre 'Prolégomènes' et annonce une suite en deux séries distinctes, trois volumes pour *Tullia Fabriana* et trois pour *Samuèle*. Mais cela ne fait que sept en tout, et on ne sait pas pour quelle raison Mallarmé cite le chiffre de neuf. Mais, pour ce roman, les intentions de Villiers ont varié avant l'abandon définitif, et il n'est pas exclu que Mallarmé s'appuie sur une confidence personnelle.

p. 29, ll. 7-8   Cette idée de la brisure d'*Isis* 'en nombre des publications du début' est très juste et repose peut-être sur une confidence de Villiers. *Isis*, tel qu'il a éte publié en 1862, était censé n'être que le premier volume d'une vaste somme romanesque. Mais la tâche s'avéra au-dessus des forces de l'auteur et bien qu'il prétendît plus tard avoir composé puis égaré une partie de la suite, il est douteux qu'il soit jamais allé plus loin que ce qui a paru en 1862. Vers 1865 il semble avoir définitivement renoncé à l'achever et avoir decidé d'utiliser pour des oeuvres de moindre envergure les matières accumulées en vue de la suite. Le drame *Elën* en 1865 reprend le thème du mage déchu qui semble se profiler déjà dans *Isis*. *Morgane*, en 1866, est fondé sur l'idée d'un complot autour du trône de Naples au temps de la Révolution française, exactement comme *Isis*, et la synthèse du christianisme, de l'occultisme et l'hégélianisme, esquissée dans *Isis*, reçoit une tentative de réalisation dans *Claire Lenoir* en 1867.

p. 29, l. 13   Les tueurs récents sont les anarchistes; plusieurs attentats avaient eu lieu avant la mort de Villiers, qui en tire parti dans sa fantaisie pseudo-scientifique *L'Etna chez soi* (1887), bien que la campagne anarchiste ne se soit intensifiée que vers 1892-1894.

p. 29, ll. 16-31   C'est un passage, fidèlement reproduit à l'exception de quelques menues différences de ponctuation et de typographie, du chapitre XI de *Claire Lenoir* (*O.C.*, t. II, p. 185).

p. 30, l. 1   Le morceau le plus remarquable d'*Elën* est certainement le grand monologue où le héros Samuel Wissler raconte son rêve d'opium. Villiers a inscrit un passage de ce monologue dans l'album de Mallarmé en 1864. Lors de la publication du drame en 1865, Mallarmé l'a porté aux nues, notamment dans une lettre à Eugène Lefébure, où il l'appelle 'un drame en prose pour lequel le théâtre serait trop banal, mais qui vous apparaîtra dans toute sa divine beauté, si vous le lisez sous la clarté solitaire de votre lampe [...] En un mot, la pensée, le sentiment de l'Art, les désirs voluptueux de l'esprit (même le plus blasé) ont là une fête magnifique' (*Corr.*, t. I, pp.153-154). Voir aussi l'Introduction, p. IX.

p. 30, l. 2   Les guillemets peuvent faire croire qu'il s'agit d'une citation d'*Elën*. Il n'en est pourtant rien, et nous n'avons pu identifier la source de cette phrase.

p. 30, l. 3   Dans une lettre à Villiers, Mallarmé le remercie de l'envoi de '*Morgane*, ce magnifique développement *de vous* que j'ai relu vingt fois' (*Corr.*, t. I, p. 259).

p. 30, l. 4   *La Révolte* a été créée, sans aucun succès, au Théâtre du Vaudeville en 1870; la création de *L'Evasion*, au Théâtre-Libre d'Antoine en 1887, a été mieux accueillie, et c'est à l'occasion d'une reprise au Théâtre de la Monnaie à Bruxelles, l'année suivante, que Villiers a entrepris sa tournée de conférences en Belgique.

p. 30, ll. 5-11   La création du *Nouveau Monde*, couronné en 1876 dans un concours pour fêter le centenaire de la Déclaration d'Indépendance des Etats-Unis, a eu lieu au Théâtre des Nations en 1883 dans des conditions déplorables, et l'échec a été total. *Le Nouveau Monde* n'a jamais été présenté en Belgique. A part un acte joué en gala le 4 juillet 1918 (avec Mme Segond-Weber dans le rôle de Stephen Ashwell - en travesti), la seule reprise a eu lieu en 1977 quand Jean-Louis Barrault a monté la pièce, avec quelque succès, au Théâtre d'Orsay.

p. 31, ll. 6-8   Mallarmé évoque le même phénomène en parlant de la mort de Verlaine: 'La tombe aime tout de suite le silence. Acclamations, renom, la parole haute cesse et le sanglot des vers abandonnés ne suivra jusqu'à ce lieu de discrétion celui qui s'y dissimule pour ne pas offusquer, d'une présence, sa gloire' (p. 510).

p. 32, l. 1   En parlant de 'sa venue ici dans cette bienveillante salle' et de 'ce siège, où je prends indûment sa place' dans une conférence prononcée au Cercle artistique de Bruxelles, Mallarmé se trompe: Villiers n'a pas été invité à ce Cercle: c'est seulement au Salon des XX à Bruxelles qu'il a pris la parole, comme Mallarmé lui-même devait le faire un peu plus tard.

p. 32, l. 7   En fait, Villiers rencontra en Belgique un accueil mélangé. Peu habitué aux conférences et la voix affaiblie d'avoir trop parlé, il ne s'est pas fait très bien entendre et dans l'ensemble, on a plus apprécié sa conversation que ses lectures publiques. D'ailleurs, en faisant allusion à une illusion possible, Mallarmé laisse entendre qu'il avait deviné que Villiers exagérait un peu la chaleur de l'accueil qu'il avait reçu en Belgique.

p. 32, l. 21   Mallarmé se trompe quelque peu sur l'itinéraire de Villiers en Belgique. Villiers a fait des conférences à Bruxelles, à Liège et à Gand seulement: il n'a été ni à Anvers ni à Bruges. (Il n'est pourtant pas exclu qu'il ait parlé de Bruges devant Mallarmé; il semble avoir visité la ville lors d'un mystérieux voyage en Hollande en 1865.) Quoi qu'il en soit, malgré les cachets décevants, le froid intense et le demi-succès de ses conférences, Villiers a certainement ressenti cette tournée comme une consécration.

TABLE DES MATIERES

Frontispice...II
Introduction.. VII
Ouvrages et articles consultés...XXXV

Villiers de l'Isle-Adam

Notes 33

TEXTES LITTERAIRES

Titres déjà parus

I	Sedaine LA GAGEURE IMPREVUE éd R Niklaus
II	Rotrou HERCULE MOURANT éd D A Watts
III	Chantelouve LA TRAGEDIE DE FEU GASPARD DE COLLIGNY éd K C Cameron
IV	Th Corneille LA DEVINERESSE éd P J Yarrow
V	Pixérécourt COELINA éd N Perry
VI	Du Ryer THEMISTOCLE éd P E Chaplin
VII	Discret ALIZON éd J D Biard
VIII	J Moréas LES PREMIERES ARMES DU SYMBOLISME éd M Pakenham
IX	Charles d'Orléans CHOIX DE POESIES éd J H Fox
X	Th Banville RONDELS éd M R Sorrell
XI	LE MYSTERE DE SAINT CHRISTOFLE éd G A Runnalls
XII	Mercier LE DESERTEUR éd S Davies
XIII	Quinault LA COMEDIE SANS COMEDIE éd J D Biard
XIV	Hierosme d'Avost ESSAIS SUR LES SONETS DU DIVIN PETRARQUE ed K C Cameron et M V Constable
XV	Gougenot LA COMEDIE DES COMEDIENS éd D Shaw
XVI	MANTEL ET COR: DEUX LAIS DU XXIIe SIECLE éd P E Bennett
XVII	Palissot de Montenoy LES PHILOSOPHES éd T J Barling
XVIII	Jacques de la Taille ALEXANDRE éd C N Smith
XIX	G de Scudery LA COMEDIE DES COMEDIENS éd J Crow
XX	N Horry RABELAIS RESSUSCITE éd N Goodley
XXI	N Lemercier PINTO éd N Perry
XXII	P Quillard LA FILLE AUX MAINS COUPEES et C Van Lerberghe LES FLAIREURS éd J Whistle
XXIII	Charles Dufresny AMUSEMENS SERIEUX ET COMIQUES éd John Dunkley
XXIV	F Chauveau VIGNETTES DES FABLES DE LA FONTAINE éd J D Biard
XXV	Th Corneille CAMMA éd D A Watts
XXVI	Boufflers ALINE REINE DE GOLCONDE éd S Davies
XXVII	Bounin LA SOLTANE éd M Heath
XXVIII	Hardy CORIOLAN éd T Allott
XXIX	Cérou L'AMANT AUTEUR ET VALET éd G Hall
XXX	P Larivey LES ESPRITS éd M J Freeman
XXXI	Mme de Villedieu LE PORTEFEUILLE éd J P Homand et M T Hipp
XXXII	PORTRAITS LITTERAIRES: Anatole France, CROQUIS FEMININS: Catulle Mendès, FIGURINES DES POETES; Adolphe Racot, PORTRAITS-CARTES, éd M Pakenham
XXXIII	L Meigret TRAITE ... L'ESCRITURE FRANCOISE éd K C Cameron
XXXIV	A de la Salle LE RECONFORT DE MADAME DE FRESNE éd I Hill
XXXV	Jodelle CLEOPATRE CAPTIVE éd K M Hall
XXXVI	Quinault ASTRATE éd E J Campion
XXXVII	Dancourt LE CHEVALIER A LA MODE éd R H Crawshaw
XXXVIII	LE MYSTERE DE SAINTE VENICE éd G Runnalls

Textes littéraires

XXXIX	Crébillon *pere* ELECTRE éd J Dunkley
XL	P Matthieu TABLETTES DE LA VIE ET DE LA MORT éd C N Smith
XLI	Flaubert TROIS CONTES DE JEUNESSE éd T Unwin
XLII	LETTRE D'UN PATISSIER ANGLOIS, ET AUTRES CONTRIBUTIONS A UNE POLEMIQUE GASTRONOMIQUE DU XVIIIe SIECLE éd Stephen Mennell
XLIII	Héroët LA PARFAICTE AMYE éd C Hill
XLIV	Cyrano de Bergerac LA MORT D'AGRIPPINE éd C Gossip
XLV	CONTES REVOLUTIONNAIRES éd M Cook
XLVI	CONTRE RETZ: SEPT PAMPHLETS DU TEMPS DE LA FRONDE éd C Jones
XLVII	Du Ryer ESTHER éd E Campion et P Gethner
XLVIII	Samuel Chappuzeau LE CERCLE DES FEMMES ET L'ACADEMIE DES FEMMES éd J Crow
XLIX	G Nouveau PAGES COMPLEMENTAIRES éd M Pakenham
L	L'Abbé Desfontaines LA VOLTAIROMANIE éd M H Waddicor
LI	Rotrou COSROES éd D A Watts
LII	A de La Chesnaye des Bois LETTRE A MME LA COMTESSE D... éd D J Adams
LIII	A Hardy PANTHEE éd P Ford
LIV	Le Prince de Ligne LES ENLEVEMENTS, OU, LA VIE DE CHATEAU EN 1785 éd B J Guy
LV	Molière LA JALOUSIE DU BARBOUILLE ET G DANDIN éd N A Peacock
LVI	La Péruse MEDEE éd J Coleman
LVII	Rotrou L'INNOCENTE INFIDELITE éd P Gethner
LVIII	C de Nostredame LES PERLES OU LES LARMES DE LA SAINCTE MAGDELEINE (1606) éd R J Corum
LIX	Montfleury LE MARY SANS FEMME éd E Forman
LX	Scarron LE JODELET OU LE MAITRE VALET éd W J Dickson
LXI	Poinsinet de Sivry TRAITE DU RIRE éd W Brooks
LXII	Pradon PHEDRE ET HIPPOLYTE éd O Classe
LXIII	Quinault STRATONICE éd E Dubois
LXIV	M J Chénier JEAN CALAS éd M Cook
LXV	E Jodelle EUGENE éd M Freeman
LXVI	C Toutain TRAGEDIE D'AGAMEMNON (1557) éd T Peach (Lampeter)
LXVII	Boursault LES FABLES D'ESOPE ou ESOPE A LA VILLE (1690) éd T Allott (Westfield)
LXVIII	J Rivière et F Mauriac CORRESPONDANCE 1911-1925 éd J E Flower (Exeter)
LXIX	La Calprenède LA MORT DES ENFANS D'HERODE éd G P Snaith (Liverpool)
LXX	P Adam(?) SYMBOLISTES ET DECADENTS éd M Pakenham (Exeter)
LXXI	T Corneille CIRCE éd J L Clarke (Lancaster)
LXXII	P Loti VERS ISPAHAN éd K A Kelly et K C Cameron (Exeter)
LXXIII	A Hardy MARIAMNE éd A Howe (Liverpool)
LXXIV	Cl Gilbert HISTOIRE DE CALEJAVA ou DE L'ISLE DES HOMMES RAISONNABLES éd M S Rivière (Queensland)
LXXV	Odoric de Pordenone LES MERVEILLES DE LA TERRE D'OUTREMER (trad J de Vignay) éd D A Trotter (Exeter)
LXXVI	B J Saurin BEVERLEI éd D Connon (St Andrews)
LXXVII	Racine ALEXANDRE éd M N Hawcroft, V J Worth (Oxford)